断舍离

人生清单

[日] 山下英子 著
やましたひでこ

许天小 译

よりよく生きるための
断捨離式エンディング・ノート

湖南文艺出版社
HUNAN LITERATURE AND ART PUBLISHING HOUSE

博集天卷
CS-BOOKY

序　言

人活在世，有可能明天就因故去世，也可能在很久以后寿终正寝，但无论如何，直到死亡的那一天我们都必须活下去。

"人终有一死……"

从年轻的时候我便开始学习瑜伽和佛教，同时，这样的想法一直萦绕在我的脑海里。

但是亲人去世才让我切身体会到了这句话的含义。

父亲、姐姐和姐姐的孩子相继离世。我总认为他们走得太早。

是的，年轻人，甚至身体健康的人，有可能突然殒命，卧病在床或者年事已高的人却可能长久地活下去。

死亡超越了健康、疾病等我们日常生活中所关注的要素，它位于另一个次元。那是人类认知范围以外的世界。

正因如此，直到死亡的那一天，我们都不得不活下去。这就是我们的宿命。

这样简简单单的觉悟，才是面对死亡应有的态度。

那么死亡的那一天之前，我们又该如何活下去？

与昨天相比今天该怎么活？与今天相比明天该怎么活？与"曾经"相比"今后"该怎么活？

所谓"断舍离"，是我将"有助于人生"的行法哲学——瑜伽的智慧实践于日常生活的产物。

对我而言，"死亡"就是"生命的终点"。至于因为后事而给家人添麻烦，这样的事情则是"无可奈何"的。

其原因在于：我关心的重点是"如何活在当下"。所谓做好死亡的准备，其实完全等同于"活出更美好的人生"。努力过完这一生，那么迎接你的必将是没有悔恨的人生终点。

本书是"断舍离"系列书籍中第一部清单形式的作

品。与其说是"临终笔记",称其为"反思人生的清单"或许更为合适。设想自己在未来不确定的某一天离世,要如何度过剩下的有限时日,用"人生清单"的形式倒逼现在,让自己的人生过得轻松而不留遗憾。要想归纳自己的想法,首先全部记录下来或许更有效,这样才能有意识地考虑未曾意识到或注意到的事物。

让我们通过本书来一起思考、一起实践使心情舒畅、生活愉快的方法,以及怎样度过属于你的人生。

是的,思索面对死亡的态度,就开启了美好人生的大门。

山下英子

目 录

第一章
人生的谢幕离不开断舍离

生活中，周围的物品真的适合你吗？

"断舍离式"人生的临终 002

- 对不需要的物品放手，人生更快乐
- "轻松"的生活，是基于对人生问题的分析
- 断舍离的基本准则

打消"想要更多"的欲望，活得简简单单！

在物资充实的日本，活出充实的每一天 007

- 因为"物资充实"反而感到"烦恼"的日本人
- 明明已经够了，人们却"想要更多"！
- 断舍离式思维丰富度观察清单

拥有得太少就难以幸福——这样的价值观正确吗?

比起"过多",我们总是优先考虑"不足"　013

- 判断"过多"还是"不足"需要"信念"

轻松、舒适地度过今后的人生!

人生各阶段的交替之时,就是"断舍离的好时机"　016

- 随着年龄增长,人会更容易被物品支配
- 轻装上阵,人生旅程才能舒适

人生的停滞是因为物品和思维的淤积

无论何时都要将"舍弃"放在第一位　019

- 我们都对舍弃物品充满恐惧
- 消除心中的淤积,让心灵流动
- 无法舍弃是因为不信任自我
- 通过"舍弃"来加速人生的新陈代谢!

随着年龄增长，更加灵活地应对自己的烦恼！

掌握"不强迫他人的思维方式" 026

- 别改变"他人"，而应改变和他人的"关系"
- 不用改变"他人"和"自己"也能解决问题
- 如何专注于和他人的"关系"？

抛开借口，做出决断，实际行动起来

以"小小的成功"为契机，今后要活得更有朝气 032

- 放弃整理，就是"放弃人生"
- 放弃整理，要通过"舍弃物品"来克服
- 通过"整理物品"来恢复勇气

请体会"当下"的含义

请停止思考衰老和死亡 037

- 无解的问题：死亡的意义
- 能够活到今天，就应该心存感激
- 你脑中的"印象"是基于事实吗？

舍弃不需要的物品，心才会从容

"做减法"，今后的人生才会顺畅　042

- 通过舍弃而得到内心的充实和从容
- 做减法的能力是生存动力
- 现代社会成立的基础是"做减法"

从小被教育不许浪费的小孩，长大后房间却是一团糟

"浪费"的陷阱　047

- 你是否像尊重物品一样尊重你自己？
- 遭报应这样的观念毫无根据
- 你的心里是否有个害怕"浪费"的小孩？

第二章
为了毫无悔恨地面对死亡
而必不可少的实践练习

反复问自己"是否必要""快乐还是不快"……

度过愉快的每一天所必须做到的十个断舍离　054

- 舍弃"必须做某事"的想法
- 培养解决烦恼的能力
- 重新审视思维的枷锁,保持"自我认知"
- 随着年龄增长务必注意的十个断舍离

为了维持自己的身心健康,"断舍离"必不可少

"物品"的断舍离　059

- 物品堆积会危害生命?!
- 淤积现象随处可见
- "物品的断舍离"是指让生活空间更舒适

专　栏

"衣物""餐具""书籍""食品"……

难以断舍离的物品　065

- 不穿的衣物堆积如山，想穿的衣物几乎没有
- "餐具"会为自己的生命"补气"
- "我希望别人认为我是这样的人"，这样的印象体现在你购买的书籍中
- 冰箱内部才是重中之重？食品堆积的本质

选择和取舍交往对象，度过充实的人生！

"人际关系"的断舍离　076

- 首先应该认清"和那个人难以打交道"的原因
- 通过整理人际关系来减轻压力
- 将待在一起会"心情舒畅"和"心情郁闷"的对象列出来

专栏

"无法舍弃的我"就是"不愿被舍弃的我"　082

- 比起和外人的关系，和家人的关系更容易引起问题

面对蜂拥而至的信息，不要浪费时间

"信息"的断舍离　088

- 必要的信息自然会来到你身边
- 不要因为不必要的信息陷入内心的混沌
- 年龄越大，就越不应被"信息"迷惑

比起今后后悔"要是当初没做这件事就好了"，倒不如重视现在"幸好做了这件事"

"后悔"的断舍离　093

- 思考和行动哪个在前？
- 断舍离和"后悔"的关系

专注"现在，这里，我"，寻找"能够做到的事"

"烦恼"的断舍离　099

- 源自生活的不安和烦恼
- ■ 断舍离式烦恼的思维地图

物尽其用，钱尽其值

"对金钱的不安"的断舍离　104

- 担心无法拥有而总是不安
- 信赖自己就能摆脱不安
- 幸福并非取决于金钱

专　栏

重新思考"工作""家人"和"照料"

在人生第二阶段更应敢于冒险　109

- 找寻能够给予你充实感的"工作"
- 不要犹豫！只要思索和行动，自立和自由就会随之而来
- "照料他人、被他人照料都是理所当然的"的想法是一种执念

不要勉强抑制怒气，找准"模式"来寻求对策

"愤怒"的断舍离　115

- 通过审视和检验价值观来减轻愤怒
- 希望别人更理解自己却事与愿违时的愤怒
- 不要被"愤怒"的情感支配人生！

不要等待，自己先行动起来

"对他人的期待"的断舍离　121

- 等待就表明对他人有所期望
- "经常被他人辜负"的原因

有时间烦恼，还不如行动！

"借口"的断舍离　127

- 正因为麻烦，所以才要行动
- 从"想做"到"做"的语言转变
- 从"借口"中"领悟"

你说的话甚至会塑造你的人生

不要轻视语言的力量 132

- 改变每天早上的口头禅
- 改变话语就能改变自己
- 越是期望,越难以实现
- 改变语言会带来好运

"自我"和"自私"截然不同!

"自私"的断舍离 138

- 勿将自己的价值观强加于人
- 随着年龄增长,人们更容易偏向"自私"
- 在生活中,你会选择哪种"基准"?

专栏

从"饮食""人际关系"和"时间的利用方法"三方面来塑造自我

锻炼"自我"！活出自己的人生！ 143

- 尽情享受"自我"的美食
- 自我的确立是最难以处理的"人际关系"
- 我们从出生开始就一直被束缚在他人对自己的看法中
- 正确处理与时间的关系

第三章

编写"人生清单"

坚持你的道路，就能看到未来

尝试编写"自己的年表" 150

- 着眼过去，明确未来的构想
- 通过"自己的年表"，从过往人生中寻找对未来的启发
- 来尝试编写"自己的年表"吧！

由简到繁

"今后想做的事情"清单的魔法 158

- 想做的事情应该从日常琐事开始
- 不要因为"花钱"而封闭心门
- "今后想做的事情"清单

每一天都值得感激

怀着感激之情度过每一天　164

- 日常生活就是由各种值得感激的事情连接而成的
- 将感激之情意识化

为了愉快地度过余下的人生和有限的时间

收集"中意"的物品，生命会更闪耀　170

- 如果周围都是你中意的物品，那你一定会心情大好
- 人生要用"加分法"才能更充实
- 我"中意"的物品

对有缘人想要传达的讯息是？

明确你想要留下的东西　174

- 留下思念而不是垃圾
- 想要留下的不必多，却要最好
- 对重要的东西也要"心情舒畅"地放手

值得珍惜的人，都是能够让你保持内心坦然的人

"以防万一"，要好好选择紧急联系人　179

- 选择能够让你保持自我的人作为人生之友
- 能够接受最真实的你，才是人生之友
- 选择自己的 VIP

在人生的第二阶段，重新审视和伴侣的关系

对伴侣的看法要坦白和诚实　184

- 现代社会，人的平均寿命越来越长
- 你和伴侣有没有想法上的分歧？

我所期望的"最后那一刻"

将"自我"坚持到最后那一刻　189

- 为了确立"自我"
- 拿出觉悟和勇气

和社会的关系也有终结的那一天

明确和自己相关的信息 194

- 和自己相关的信息该由谁如何处理？
- 手机和电脑中的信息
- 贺年卡中的信息
- 社会养老保险的信息
- 个人养老保险的信息
- 信用卡的信息

虽说不用在意自己的后事……

即使有少量财产，即使家人关系和睦，也可能产生纷争 198

- 不引起财产纷争的方法
- 我的财产清单

什么都不做就悄然辞世是最佳选择吗？

在人生的终点，该怎样谢幕？ 203

- ● 思考临终的含义
- ■ 思考自己的临终

从"天国"传达给"这个世界"的讯息

首先设想一个能代表自己的"讯号" 209

- ● 在"天国"的我如果能够俯瞰"这个世界"
- ● 死亡并非结束，而是永恒
- ■ 我这个人

后记 214

第一章

人生的谢幕离不开断舍离

生活中，
周围的物品真的适合你吗？

"断舍离式"人生的临终

对不需要的物品放手，人生更快乐

断舍离并不只是单纯的"物品收纳理论"。它既是活出自我的智慧，也是一种实践。通过反复询问自己"到底不需要什么东西""到底需要什么东西"，就能够真正看清楚自己的需求。随之而来的便是头脑中涌现出的"活着真愉快"及"活着真有趣"这样的想法，断舍离就是以这样的状态为目标。作为最浅显的"提问"，我们常常从身边的"物品"着手思考，因而断舍离常常被误认为"等同于扔掉物品"。

扔掉物品怎么能算是一种生存观呢？可能许多人都有这样的疑惑。当家里的东西堆积如山、乱糟糟的时候，请对自己提两个问题："令我犹豫不决、无法扔掉的物品到底是什么？我为什么会如此犹豫？"例如"岳母送的东西"，至于为什么无法扔掉，则是"觉得对不住岳母的一番好意""要是被发现扔掉了，不知道该怎么解释"等，心中抱有对岳母的顾虑和恐惧感。可以说无法扔掉的东西都不是单纯的物品，因为它体现出了自己的内心。

断舍离以"物品"为对象，对自我反复提问："为什么？自己原本想怎样处理？"针对各种对象进行思考，得到感悟。

这将成为迈向更加美好的人生的第一步。

"轻松"的生活，是基于对人生问题的分析

不论是谁，临死的时候都希望"这辈子没有遗憾"。该放手的时候就要洒脱放手,在临终的时候才会觉得"这辈子活得坦坦荡荡"。这才是最理想的状态。我未曾想过要让家人为自己送终,也没有想过在自己家中进入长眠。临终的时候,"虽然心中或多或少都有些遗憾,但是这辈子活得很愉快",只要有这样的想法,我就很知足了。

断舍离是追寻"有趣的人生"必需的"生存工具"。**对不需要的物品放手,选择适合自己的物品。**保持简单而愉悦的状态,人生的每一天都会变得无比美好。

这种状态就是所谓的"好心情"。为了保持这份好心情,在日常生活中我总是反复询问自己该采取怎样的行动。但即便如此,人们随着年龄渐长,身边不需要的物品也会越来越多,进而错过了真正适合自己的物品。年龄渐长,**身边物品不断增加的同时,扔掉物品的行动力也日渐减弱。**

大多数人都希望愉快、"自我"地生活,但随着年龄增长,无力改变现状便匆匆迎来人生的终结。身后留下的不仅是悔恨,还有垃圾和堆积如山的物品，这样的人生实在是可悲的。

意识到人终有一死，就能明白现在自己该采取什么行动，然后付诸实践。在身心俱疲之前，不如一起来清理一次自己的人生吧！

没错，手中拿着这本书的时候，就是开始断舍离的最佳时机。

断舍离的基本准则

断 为了避免过度摄取……

- ◆ 人们总喜欢在空着的地方摆放点什么东西，不管是物品（针对空间），还是计划（针对时间）。从这一点就可以看出现代人的心中满是压力。
- ◆ 满大街都是"便宜""优惠""免费"之类的诱惑性宣传语，有的物品和信息就是通过这些途径悄悄来到你身边的，所以尤其要提防这些"圈套"。

舍 为了避免过度堆积……

- ◆ 我们总是以"浪费"为借口，对于扔掉物品感到犹豫不决。很多人觉得"浪费"是"因为舍不得用，所以根本不需要用"。因此在舍弃物品时，尤其要重视对"浪费"的误解。
- ◆ 舍弃并非目的，只是结果。这之前的"选择和决断"更为重要。

离 为了和自己以外的物品构筑愉悦的关系……

- ◆ 从宏观的角度审视物品，培养客观性。
- ◆ 不断询问自己：和物品构筑怎样的关系才能获得愉悦感？

> 打消"想要更多"的欲望,
> 活得简简单单!

在物资充实的日本,活出充实的每一天

因为"物资充实"反而感到"烦恼"的日本人

"充实"这个词是指"充足的状态"。

但是现如今的日本别说充足,连"过剩"都变得理所当然,人们甚至对这种过剩的状态都毫无知觉。因为想要的东西总能轻易买到,珍惜物品的想法便越来越少,人们逐渐忘掉了感恩。

物资确实越来越充实,精神上却朝着反方向走向贫瘠。

在外人看来过得衣食无忧的人,实际上可能有不少心理问题。

超过充实,甚至达到过剩的地步时,"恩惠"就变成"烦恼",令人困扰。

明明已经够了,人们却"想要更多"!

对自己来说,充实到底是什么?爱情、金钱、健康上的,还是时间上的?这是大量拥有某种事物而形成满足感的体验。

请将自己能够想到的充实感具体写下来。

那么结果如何?

这些词就是你在人生中探寻的事物吗?还是现在已经拥有了一些,但"想要更多"的事物呢?

所谓欲望,就是拥有了之后,还想要更多的冲动。当然在某种程度上,欲望对生命来说必不可少。但是生活在物资充实的日本,却对自身的充实视而不见,就像在沙漠中寻找水源一般,拼命地索求金钱和时间——这就是真实的我们。

或许我已经拥有了一切。或许除了必要的物品，其他的都是多余的。

我想"断舍离"这样的"减法"思维方式之所以得以普及，就是因为日本的物资太过充实。 人们不会因为缺少而烦恼，而是因为过多而烦恼，其实这样的烦恼还真是奢侈。毕竟在这个地球上，因为物资不够充实而烦恼的国家占大多数。

人们应该意识到：物资的充实就是"眼前的幸福"。在此基础上，淘汰"不需要的物品"，割舍掉人生的"赘肉"，才是轻松和舒适的生活方式。

断舍离式思维丰富度观察清单

对你来说,所谓"充实"是指什么印象呢?
请将想到的印象写出来。

●	●
●	●
●	●
●	●
●	●
●	●
●	●
●	●

请将它们按"已经拥有足够多"和
"还不够多"来分类。

已经拥有足够多的物品	还不够多的物品
•	•
•	•
•	•
•	•
•	•
•	•
•	•
•	•
•	•
•	•
•	•
•	•
•	•

● 山下英子的观点 ●

对于已经拥有足够多的物品,我希望人们都怀有感恩的心。当然这其中肯定有自己辛勤付出后得到的满足感,但也有一部分是他人给予自己的充实感,正因为构筑了和他人的良好关系,才能得到各种体验。

对于觉得还不够多的物品,首先要问问自己"为什么会感觉还不够多",以及"还需要多少才会觉得满足"。有可能某个事物已经足够多,但是因为潜在的虚荣心和贪婪,自己才会感到不满足,也就是不管拥有多少,都无法得到心理上的满足。这样的自我审视是很有必要的。

やました ひでこ

拥有得太少就难以幸福

——这样的价值观正确吗?

比起"过多",我们总是优先考虑"不足"

判断"过多"还是"不足"需要"信念"

每个人面对的各种压力,社会面对的各种问题,地球环境面临的危机……这些状态到底是源于"过多"还是源于"不足"?答案肯定是其中之一。

但是我们的意识总是很容易就偏向"不足"。人们心中总是不由自主地呐喊:"不够,还是不够!"

比如"金钱的问题"。人们常常因为缺钱而烦恼,但是金钱不足的根本原因在于支出,换句话说,人们往往难以注意平日里的过度支出。究其原因，是**面对"过多"这一问题时，总是伴随着强烈的痛感。**

例如，如果减少了给丈夫的零用钱，肯定会引起丈夫的不快。人们不愿意接受减少导致的不愉快和麻烦，有这种心理是理所当然的。

因此，**重点在于分辨"过多"和"不足"的视点。**其实，生命结构决定了我们原本就能及时发现"过多"和"不足"，如同跷跷板一样主动地获取平衡。例如，肚子饿了就要吃饭，吃太多了就要活动身体。

但是长时间持续地"偏向"过多或不足的话，保持平衡的身体机能就会衰弱。这种偏向的原因在于"信念"和"偏执"。

例如，不够富裕就不能获得幸福，因此需要更多金钱的价值观。我们需要逐步审视这种价值观。

关于这样的审视，从"身边堆积的物品"着手是最合适的，因为**身边的**

物品正是我们价值观的体现。"名牌"体现了"穿戴名牌者很出色"的价值观,"孩子的玩具"体现了"父母应当给孩子买玩具"的观念,因此人们才无法舍弃这些物品。

你是否也拥有过多的物品?

你为什么拥有过多的物品?

你觉得不足的物品是什么?

在重复提问的过程中,就能看清"过多"和"不足"的根本原因。

轻松、舒适地
度过今后的人生！

人生各阶段的交替之时，就是"断舍离的好时机"

随着年龄增长，人会更容易被物品支配

请回忆一下当你购买了某种新商品时的兴奋感，简直如同自己也焕然一新般的激动，以及付钱时爽朗的心情。

我们都很喜欢购买这一行为。

但麻烦的是，"物品一旦买到手就不想轻易放手"的意识也颇为强烈。

并且随着年龄的增长，不舍的情感会愈加强烈。许多人总是小气地认为"要是扔了,可能就再也买不到了"。

最终拥有一堆自己根本无法控制的物品，就如同被物品支配一般，在狭窄的空间里继续生活。

狭窄空间内的这些物品，最初是窃窃私语，偶尔喋喋不休，最终开始尖叫和喧闹。

不需要的物品占领了空间，在我们的心中产生噪声。如果期望安宁的生活，暂时将这些物品挪开是行不通的，而是需要从根本上舍弃这些物品。

如果不根绝噪声，我们的内心便永远得不到宁静。

轻装上阵，人生旅程才能舒适

若希望今后的人生能够心境平和地度过，那就

必须先去除多余的物品。 带着沉重的行李去旅行，肯定会变得烦躁不堪。欣赏途中的美景还需要保留一些体力，所以最好是轻装上阵。

不过，舍弃还需要契机和勇气。我推荐在人生阶段交替之时着手。

退休以后，子女也独立了，于是开始设想今后自己的人生，这就是容易进行断舍离的好时机。严格审视并舍弃不需要的物品，内心才能真正感到放松。

断舍离并非一股脑儿地扔掉物品。过上简朴的生活的目的在于筛选出真正的必需品。

舍弃犹豫、心情舒畅地度过今后的人生，临终时才能没有悔恨。

人生的停滞是因为
物品和思维的淤积

无论何时都要将"舍弃"放在第一位

我们都对舍弃物品充满恐惧

断舍离,最优先的是"舍"。

当然,如果感觉"舍弃"这个词门槛太高,我们可以替换成"放手"。就如同面向天空敞开心灵,身轻如燕、爽朗无比的感觉。

断舍离认为"正因为放手,人生的新陈代谢才能加速",但是大多数时候,"放手"会变成"延后"。我们对放手的恐惧,比自己所以为的还要强烈。

请想象一下小孩子不得不对自己心爱的玩具放手时的景象。

消除心中的淤积，让心灵流动

一般的收纳方法和断舍离的不同之处在于"one in, one out"和"one out, one in"。"one in, one out"是指得到一个物品，就要舍弃另一个物品。这是收纳方法中很常见的，但是有了替代品就舍弃现有的物品，最终物品的总量并没有改变，还是维持现状。与之相对，断舍离提倡的是"one out, one in"，消除了心中的淤积之后，再接纳新的物品。

消除了心中的淤积之后，就要让心灵自由流动。但是消除淤积的行为本身伴随着恐惧感：虽然可以舍弃，但是舍弃后不一定买得到替代品。因此我们总是执着于物品，以及被物品象征的人和事物，"要是再也买不到的话，我是不会放手的"，这种想法在心底纠缠不休。

如果对人生的停滞感到厌烦，并且希望人生的新陈代谢进一步加速，就应该把舍弃和放手摆在第一位。

无法舍弃是因为不信任自我

从我自身来讲，和各种物品同时舍弃的，还有"心中的盖子"，即"恐惧"与"痛感"。当我告诉自己"没关系，大胆舍弃"的时候，是因为我信赖自己的判断，才能采取行动。

选择、判断、集中、行动，这些应该是连续性的行为。将它们运用于"周围难以舍弃的物品"，从简单的事例分析开始思索，这就是"断舍离"。

"对难以放手的放手，就会得到应该得到的。"（千贺一生《道的一生》）请将这句话铭记在心，开始行动吧！

通过"舍弃"来加速人生的新陈代谢！

一般的
收纳方法

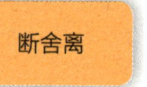

one in，one out

断舍离

one out，one in

得到一个物品就要舍弃另一个物品！因为总量没有变化，所以物品还是堆积如山……

舍弃一个物品之后，就可以购入另一个物品。当然是以舍弃这个物品为前提。

你"想要放手"的物品有哪些，请将想到的列举出来。

-
-
-
-
-

↓

那么为什么想要放手？请考虑一下。

如果存在"想要放手,却无法放手"的物品,原因是什么呢?

● 山下英子的观点 ●

"要是对眼前的这个物品放手了,那这辈子可能永远也得不到相同的东西了。"认识这种恐惧心理非常重要。对物品放手(虽然可能再也得不到相同的物品),自然就能得到许多新的物品,才能够体验和享受新的物品。思想上有所转变,对舍弃的恐惧就会减轻。

やました ひでこ

随着年龄增长，
更加灵活地应对自己的烦恼！

掌握"不强迫他人的思维方式"

别改变"他人"，而应改变和他人的"关系"

曾经，我也是一个心中有各种烦恼、身心疲惫的人。繁忙的工作，上了年纪的父母，考试期间的子女，更年期时身体的变化……各种不稳定因素接踵而来，我一个人扛着负担不断挣扎。但是现在回想起来，这一切都是我自导自演的。明明不用承担的压力却偏要承担，沉重又喘不过气，弄得自己就如同旁人的牺牲品一般。

我的妈妈常常抱怨："人要是上了年纪，准没什么好事。"就如同把生活本身理解成一种苦行。虽然我反感这样的观点，但是不知不觉间，我也为这样的观点所束缚。可是活着并非每日只有操劳，而是也有不少乐趣，人的一生应该以操劳还是乐趣为重，这都是个人的自由选择。

此后，我放弃了背负来自父母的压力，远离人生就是苦行这样的观念，将烦恼的焦点从"母亲的存在"转移到"母亲与我的关系"上来。我无力改变他人。如果无力改变，那么就思考该如何改变自己和他人的关系。

断舍离是"改变视点的工具"，通过灵活地改变视点来观察自己的烦恼，从理所当然的固定思维中解脱出来。

既定事实是无法改变的，周围的人也无法改变。如果要在这上面浪费自己的时间和精力，烦恼只会有增无减。

不用改变"他人"和"自己"也能解决问题

如果无法改变他人，那么改变自己可以吗？

那也不对。

按照既定事实或者配合他人改变自己的话，会导致忍耐与不满的累积，用不了多久，这些情绪就会变成被害者意识，最终演变为"责备对方"。而责备对方是毫无建设性的行为，只是对自我的消耗。别责备他人，应当不断审视自己与他人的关系。我想，对于烦恼，只要换一个角度来考虑，它或许就烟消云散了。

随着年纪渐长，我们总是希望按照自己的意愿改变他人，如果无法改变他人，就把怒火发泄在别人身上。但是连改变自身都如此困难，又如何能轻易改变他人呢？

如何专注于和他人的"关系"?

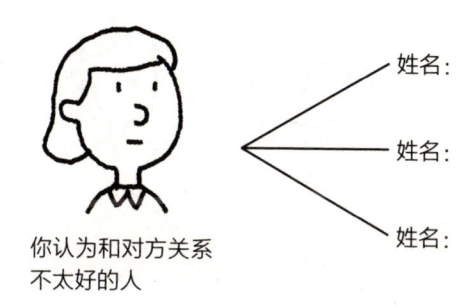

姓名:

姓名:

姓名:

你认为和对方关系
不太好的人

➡ 通过列举人名来确定"自己不擅长和那个人交往"。

你自己觉得维持
现状没关系。

对方也觉得维持
现状没关系。

➡ 既不希望改变自己,也不希望改变他人!所以用于
改变的能量都是没必要的。

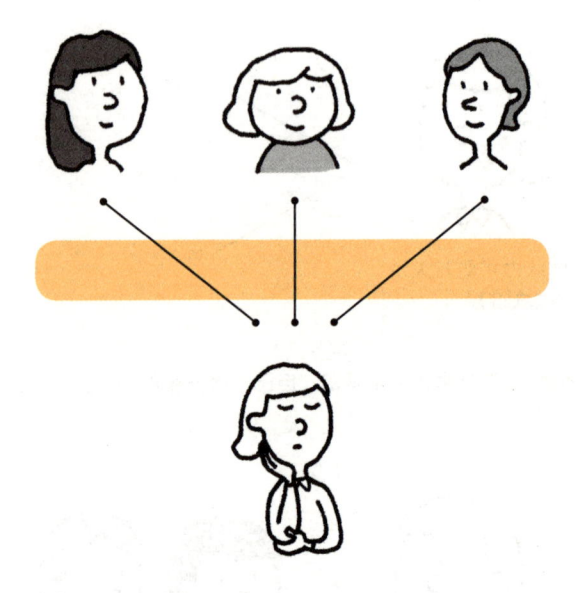

➡️ 思考保持怎样的关系才能让自己更轻松。
该减少接触的频度吗?
该降低接触的亲密程度吗?

●山下英子的观点●

有时候就算自己觉得厌恶,也"不想让对方产生不快",反而潜意识地导致接触次数增多。明明不想打照面,但是故意回避的话会让对方不快,所以不得不见。我建议干干脆脆地拒绝邀请,简短地结束电话沟通,只要对方不是特别迟钝的人,就能察觉到我方的意图而自动远离。

やました ひでこ

抛开借口，
做出决断，
实际行动起来

以"小小的成功"为契机，今后要活得更有朝气

放弃整理，就是"放弃人生"

人们常说："总觉得无法舍弃身边的物品。"这其中是有原因的。

比如"觉得浪费""可能总有一天用得上"。这些想法已经植根于头脑之中。

当你思考为什么无法舍弃身边的物品时，你就能看清自己的内心。

例如，当人们执着于曾经光荣和幸福的时光时，往往舍不得扔掉让人回想起当时那些情景的物品。女性舍不得扔掉和家人的回忆有关的物品，男性舍不得扔掉在公司里大显身手时的相关物品。因为留恋不舍，这样的物品只会有增无减。

即使明白这个道理，也还是无法舍弃，甚至很多人都想过："我讨厌这样的自己。"并且不论男女，都会由于无法舍弃而自责，进而丧失自信。我认为如果实在舍不得，也不用勉强扔掉——可就算告诉对方这一点，对方从心底里也可能还是难以释怀。

这些人有个共同点，就是他们都"对人生死心了"。不单单是整理收纳，而是做任何事情都会感觉疲劳，还总拿岁数大了做借口。

有这样一位家庭主妇，她对于"老是整理不好房间"感到烦恼，每天都活在压力之中。

地板上堆满了报纸和杂志，衣物脱下来就随意扔在沙发上，收进屋的衣物也不叠整齐……针对自我厌恶的她，我建议首先别自责。

对于"扔掉之后，将来要用的时候怎么办"这样的想法，我告诉她别想太多，将来的事情，就到时候再考虑吧。

放弃整理，要通过"舍弃物品"来克服

无法舍弃身边的物品，家里总是乱糟糟的，厌恶自己……憧憬的理想人生是否就这样一塌糊涂了呢？这位主妇仅仅因为无法"整理"好房间而感到烦恼，进入了消极思考的恶性循环。

如果想要改变自己，想要过上理想的人生，请从现在就开始"断舍离"。即使是进行身边琐碎的"整理"，也能通过不断积累判断力和行动力找回自信。

通过"整理物品"来恢复勇气

"整理"是最为生活化的行动,并且是自己可以控制的行动之一!

➡ 能够看见成果,容易得到成功的喜悦。

➡ 容易发现"自己能行",自我肯定。

⬇

除了整理以外,还可以在生活中不断发掘容易让你获得"成功喜悦"和"自我肯定"的小事,并持之以恒!

⬇

有了自信,活得更轻松!

除了整理以外，请列举你觉得能够完成的行动。

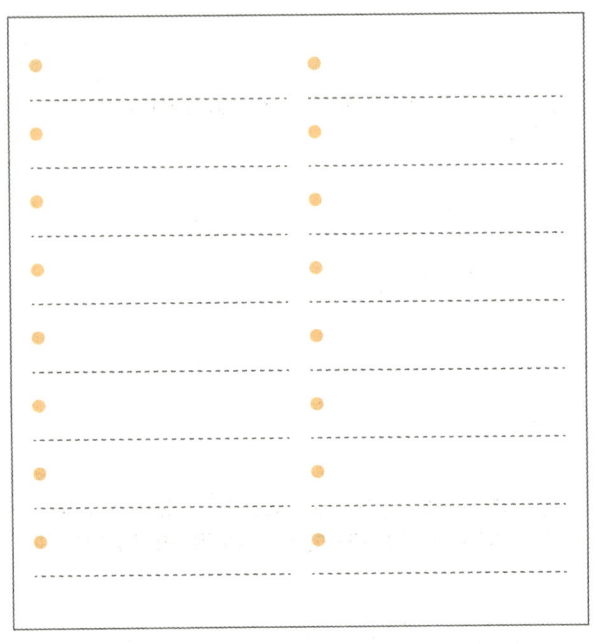

●	●
●	●
●	●
●	●
●	●
●	●
●	●
●	●

例如

做菜　减肥　写日记　整理庭院　擦鞋

运动　微笑　问候　熨烫衣物

照顾宠物　每日清洁神龛　还有其他各种小事！从今天开始行动起来吧！

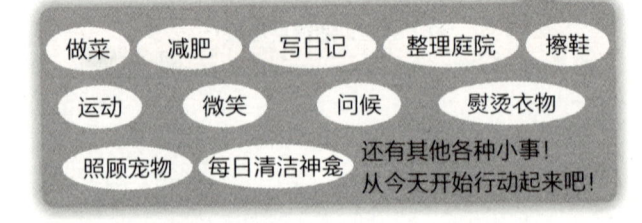

请体会
"当下"的含义

请停止思考衰老和死亡

无解的问题：死亡的意义

人们常对未来的一切感到不安，对衰老感到恐惧。说实话，我自己对于这样的问题也没有一个确切的回答。

但是，我们可以这样想：死亡是超越人类智慧的存在。正因为是超越了人类智慧的存在，渺小的我无论怎样思考死亡，也得不到解答。

只要不死，我们都必须活下去，因此比起考虑

死亡，倒不如想想活在"当下"，享受每一天的生活。

虽然也有人认为"只要把今天当成人生的最后一天，就能精神百倍地度过每一天"，但是说实话，我达不到这样的境界。因为现在的我还活着，要"活着的我"来思考死亡，确实办不到。

人如果能够一直保持健康，那就太幸福了。

但是，生病也会让我们有不少感悟。人世间，"恐惧"疾病和死亡的各种信息源源不断，为了不生病而怎么怎么样，打着这样旗号的商品真是数不胜数。我们应该意识到，因为媒体的原因，我们已经被包围在对疾病和死亡的恐惧之中。

你有过这样的经历吗？当你准备吃饭的时候，本来想要美美地饱餐一顿，脑中另一个声音却告诉自己"为了健康要多吃蔬菜"或者"为了健康要控制脂肪的摄入"等。

活着的目的不是"健康"，而是"幸福"。

比起担心将来生病而控制饮食，倒不如美餐一顿，吃自己喜爱的食物。当你体验到"真好吃，活着真是太好了"的时候，你的生命才会真正自发地喜悦。

由于过度恐惧疾病,我想我们已经丢失了生命原本的目的。

能够活到今天,就应该心存感激

年纪渐长这件事为何让人感到"不安"呢?

因为上了年纪容易生病?因为容颜老去?

我们常常将年龄增长和衰老画上等号,但事实并非如此。我想,年龄增长反而能让我们体会到一些人生的微妙。40岁时懂得了30岁时不曾体会过的心灵自由,50岁时理解了40岁时未能理解的心灵充实。比起"衰老",我们能够平安无事地活到今天,就应当心存感激,这一点更加重要。

我想就连感激也应该是充满朝气的。

你脑中的"印象"是基于事实的吗?

客观地审视自己的思维,确认它"是否基于事实"。如果不能肯定它是否基于事实,那么它就是主观看法,也就是执念。

> 要是上了年纪生了病,就会给旁人添麻烦,心中惴惴不安地度过每一天……

↓

这是主观看法,而非事实。

有的人会生病,有的人不生病。
应该注意到一个事实:有的人就算生病了,也在坚强、愉快地度过每一天。

> 家人无法陪伴在身边,"孤独终老"太可怕。

↓

这是主观看法,而非事实。

不论是丧偶者,还是终生独身者,不少人都在愉快地生活着。
说不定比起配偶,自己还可能先走一步,所以"孤独终老"这件事也是说不准的。

● 山下英子的观点 ●

人们常常因为媒体灌输的信息而对事实产生错误的认识，坠入不安之中。审视你自己的"执念"，看看它们是否基于事实。你一定能发现许多无意识的"执念"已经植根于意识之中。

やました ひでこ

舍弃不需要的物品，
心才会从容

"做减法"，今后的人生才会顺畅

通过舍弃而得到内心的充实和从容

"断舍离"是一种针对过犹不及"做减法"的解决方案。多则减，就是这么简单。大多数场合，我们都是因为过多而困扰。

用品也好，食物也罢，信息也好，人际关系也罢，只要保持拒绝、舍弃、分离的态度，你就能获得一份"充实"。这是一种"空间"的宽裕和"心情"的充实。摆脱内心淤积的状态，你曾经浪费掉的"时间"和"能量"便能恢复如初。对有形物品的"断舍离",能够带来"心灵的放松"。

对无形的事物放手了之后,你要问问自己有什么替代品走入了心中。

例如,尝试放手"自尊"。那么放手之后,心中会产生什么替代品?我想到的是"过度的期待"。

接下来,再考虑一下:如果对"过度的期待"放手了,心中又会产生什么替代品?

我的答案是"沉稳的自己、宽容的自己、充满爱的自己"。

"断舍离的对象"除了我们家中的物品,还有不少就存在于我们心中。

做减法的能力是生存动力

减少现有的物品确非易事。也许最初设定一个基准的话,会更容易思考。

例如,对多年未曾使用过的物品设定一个"时间基准"。

再例如,对完全未曾使用过的物品设定一个"频度基准"。

还可以对觉得摆在身边不太合适的物品设定一个"心情基准"。

这样的基准不胜枚举,但是"断舍离"的基准终究要自己去设定。询问自己,自己做出决定,才能提高判断力。"断舍离"并非以减少不需要的物品为目的,而是以做减法为手段,以"培养生存动力"为目的。

所谓生存动力,包括意识、选择决断力、信赖自己的能力。

也就是让人充实、愉快地活下去的动力。

现代社会成立的基础是"做减法"

> 我们总是关注自己"不足的部分",不承认我们拥有得已经足够多,而且还想要更多。

↓

> 被满溢的物品和信息吞没。

↓

> 周围的环境容易让人失去心中的宽裕,迷失自我。

↓

> 要想找回自我,就要采取相反的"减法"。

那么对于现在的生活,

开始"减法思考"吧!思考一些具体的情景。

- 物品的减法 ➡
- 信息的减法 ➡
- 人际关系的减法 ➡

> 活得简简单单,压力也能减轻不少!

● 山下英子的观点 ●

在我的帮助下,许多实践减法式断舍离的人都经历了人生的美好转变:改变忧郁心情,改善亲子关系,人生再次起跑,迎接新工作,成功步入婚姻殿堂,等等。人们获得了心中的宽裕,恢复了原本应有的生活。我想这就是减去多余的,快乐加倍。

やました ひでこ

> 从小被教育不许浪费的小孩，
> 长大后房间却是一团糟

"浪费"的陷阱

你是否像尊重物品一样尊重你自己？

"扔掉这东西太浪费了"，谁都曾经有过这样的想法。

但是，请你仔细思考一下，如果被"不许浪费"的观念束缚，那么身边的物品将会无休止地有增无减。

可以说几乎所有的物品都比人类长寿。如果没有舍弃，你一生都将和这些物品一同度过。倘若觉得扔掉物品是浪费，你的人生被这些累赘占据难道就不是一种浪费吗？这一点值得深思。

例如，因为某件事而变得异常繁忙，或者某个较大的物品使得空间很狭窄，实际上这些事物已经让你消耗了不少能量——你觉得你很爱惜物品，其实却是自顾不暇。

或许反感"浪费"是因为从小被人灌输"浪费会遭报应"的固化观念。你的长辈，比如奶奶，是否也这样教导过你？

她肯定说过："要爱惜身边的物品，否则会遭报应哦！"

遭报应这样的观念毫无根据

归根结底，"报应"到底是什么？这个问题很难回答，因为我总觉得报应属于"神的领域"。

那么，我们来思考一下恐惧"报应"的心理。首先，我们心中理解的报应有多严重？然后，根据报应的严重程度，我们将承受多大的损失？接下来，报应导致的损失与房间整理无方带来的消极后果之间有多大的差异？请按这个思路来自问自答。

你会注意到，无论是报应的程度，还是房间一团糟带来的消极后果，实际上你都未曾考虑过。你只是单纯地感到恐惧，但是从未正面检讨过自己的恐惧。

我们一旦对报应这个词产生反应，思维就会短路，或许思维的短路又会进一步导致思维的停滞。

倒不如这样反向思考："如果要遭报应，那就放马过来吧。我偏偏要会一会这个报应。"

整理无方导致在人生中迷失，其实在人生中迷失才是神给你的报应。

你的心里是否有个害怕"浪费"的小孩?

别随便扔掉物品!因为可能还用得上。

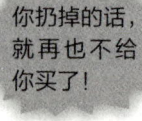

你扔掉的话,就再也不给你买了!

原来如此。

想想那些贫困国家的小朋友们吧!

你觉得这个很便宜吗?!

会受到神的惩罚哦!

- "因为浪费,所以不许扔掉。"——被灌输的观念。
- 因为"扔掉"而备受罪恶感折磨的自己。

⬇

- 长大后的你,请告诉住在心中的"幼小的自我":"其实扔掉也没关系。"并且要让"幼小的自我"积极地意识到:扔掉之后反而会一身轻松。

扔掉后你会觉得很浪费的物品是什么? ➡ (　　　　　)

是不是小时候周围的人常常告诉你"要好好珍惜"的那些物品?

第二章

为了毫无悔恨地面对死亡而必不可少的实践练习

> *反复问自己"是否必要"*
> *"快乐还是不快"……*

度过愉快的每一天所必须做到的十个断舍离

舍弃"必须做某事"的想法

无论是谁,心中都有叫作"信念"(有时候却是"固执")的蓝图,都会按照蓝图的规划来生活。"我必须被周围的人喜欢""我一定不能将自己的意见放在第一位""还能用的物品一定不能扔掉""我必须比别人优秀""我一定不能辜负父母的期待"……我们心中总是排满了"必须做的事"。

这些都会造成情绪上的压力。

这些信念如果不符合个人的生活方式或时代背景，就大可以舍弃。因为当你想着"必须做某事"的时候，你其实并不想那么做。

当你意识到自己被某种信念束缚，那就应该选择一种对人生更加有益的信念。这样才能让身心充满朝气，愉快舒畅。

培养解决烦恼的能力

我们常常询问别人"该怎么办才好"，却很少询问自己"想要怎么做"。这可能是一种思维的惯性。

向他人寻求问题的解决方案，自己却不思考问题的根源。我想怎么做，我应该保持怎样的状态，对这些问题从不自己思考探索，甚至未曾意识到这些问题总被自己回避。然后六神无主，慌张地向他人寻求解答，总想着"别人会怎样为我解决问题"。

在碰到能够完美解答自己的问题的人之前，一直陷入烦恼的旋涡中不能自拔。

拥有"烦恼的能力"，也就意味着拥有"思索的能力"。"断舍离"就是从物品的取舍着手，针对自我来训练这一能力。通过反复训练，便能明确自己烦恼的根源，只要明白了根源，那么让自己烦恼的"巨大怪兽"就会变身成"可爱的小兔子"。

重新审视思维的枷锁，保持"自我认知"

在第二章中，我将介绍度过无悔人生的具体方法。

这将是针对"物品""人际关系""信息""后悔""烦恼""对金钱的不安""愤怒""对他人的期待""借口""自私"这十个方面的断舍离。

"断舍离"的目的不是"舍弃物品"，而是"通过选择来找到对自己重要的物品"。随着年纪渐长，人们会被束缚于各种"枷锁"，感知自己"现在是否幸福"的探测器也会变得迟钝。为了避免这一点而将探测器磨炼得更加敏锐,这就是本章的目的。断舍离将这样的探测器称为自我认知。

当你思考对自己而言某件物品"是否必要"的时候,"思考"的探测器就得到了磨炼。此外,当你思考对自己而言某件物品带来的是"快乐还是不快"的时候,"感觉"的探测器也能得到磨炼。

"自我认知"是生命原本就具备的智慧。现代人的自我认知变得迟钝不堪,实在是一种浪费。

那么从接下来的部分开始,我们一起来磨炼"自我认知",进行实践训练吧!

随着年龄增长务必注意的十个断舍离

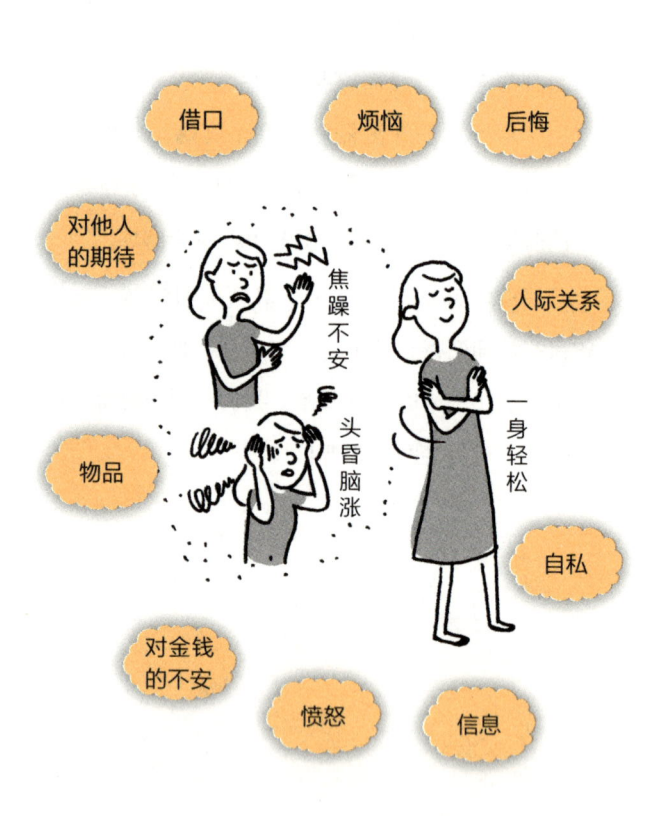

借口

烦恼

后悔

对他人的期待

人际关系

焦躁不安

头昏脑涨

一身轻松

物品

自私

对金钱的不安

愤怒

信息

> 为了维持自己的身心健康，
> "断舍离"必不可少

"物品"的断舍离

物品堆积会危害生命?!

有了它更方便，没有它也不会觉得困扰——在我们身边，这样的物品堆积如山。另外，对于贴上了限量版或珍贵标签的稀有物品，我们从不使用，甚至束之高阁。这样的"便利商品"和"稀有物品"自然也有与之相应的价格，我们为此支付的昂贵金额一直留在记忆中，因此总是无法舍弃。

对于已经不需要，也不怎么喜欢，甚至感到厌倦的物品，因为"昂贵"这一原因而舍不得扔掉——这就是人类可悲的习性。房间杂乱无章，再加上物品多如牛毛，则会更加烦恼。不扔的话，物品既不会向我们扑过来，也不会危害我们的性命，总之就先摆在那儿。但实际上，物品堆积如山的同时，灰尘也会越积越多，当你置身于充满霉菌和螨虫的环境时，你做何感想？甚至一不小心就有物品掉落，或者有被物品绊倒的危险，可以说这样的环境已经威胁到你的生命。当你长期为整理无方而烦恼不已的时候，这些不需要的物品就已经危害到了你的精神健康。

我所居住的房间，是一个有害生命的环境吗？

抑或是一个治愈我的身心，永远给予我支持的环境？

在自己家里却感觉沉闷、呼吸不畅的话，那么居所和你自己都需要一些新鲜空气，这样之后你又会有何感想？

淤积现象随处可见

除了"物品",还有哪些常见的淤积事例呢?

信息和知识的淤积:被蜂拥而至的各种信息牵着鼻子走;学到的知识只是停留在脑中,却不去进行实践。

情绪的淤积:害怕表达自我,不向他人敞开心扉,将真正的情绪锁在心里,最后可能会演变成"谁都不能理解我"的忧郁感。

身体上的淤积:吃得很多,排泄却不顺畅,为此感到苦恼。

可以说**"淤积"是我们人生中的一道障碍**。"断舍离"就是让人们从淤积的停滞中恢复生命活力的人生课程。

"物品的断舍离"是指让生活空间更舒适

> 让人内心平和的生活空间会让人生更加美好。

健康、安全、
安心、活力、
开放感、清爽感 〉**的产生**

其目的在于　以及从

不健康、危险、
不安、不愉快、
闭塞感、停滞感 〉**中解脱出来**

"物品的断舍离"的过程

1. 面对物品，从无意识、无知觉转变为有意识。
2. 筛选物品，找回并磨炼思考能力、感觉、感性。
3. 舍弃物品，提高选择决断力。
4. 去除物品，摆脱空间的停滞和污浊。
5. 减少物品，为空间带来流动性。
6. 加速物品的新陈代谢，唤醒空间的生机。

● 山下英子的观点 ●

断舍离追求的是新陈代谢。去除堆积的物品和空间的污浊之后,唤醒空间的生机,促进生活和人生的良好转变。

也就是说,断舍离并不是以家里空荡荡,过上简单、简朴的生活为目的。当然从结果上来说,往往确实会过上简单、简朴的生活。

やました ひでこ

专栏

> "衣物""餐具"
> "书籍""食品"……

难以断舍离的物品

当你"重新仔细审视家中的一切"时,你会发现难以断舍离的物品分别是"衣物""餐具""书籍"和"食品"。

为何这些东西难以断舍离,让我们一个一个来考虑。

不穿的衣物堆积如山,想穿的衣物几乎没有

随着季节转变,我们常常觉得"没有什么衣物可穿"。其实严格来说,应该是"没有想穿的衣物,

不想穿的衣物却塞满了衣柜"。不想穿的衣物堆积如山，其首要原因就是觉得扔掉"浪费"。

为什么会觉得"浪费"？这是因为人们总是不由自主地想起买衣物时的价格（当时的商品价格）。现在不穿就等于使用频度为零，那么商品价值也应该为零。**但总觉得买得挺贵，也没有什么破损，将来还可以再穿，于是舍不得扔掉。**思考的对象可以来往于过去和未来，但是时间轴上最重要的一点应该一直是"现在"。将浪费在犹豫不决上的能量全部集中于"现在"，这样我们才能保持心情愉快、充满活力的状态。现在不怎么穿的或现在不想穿的衣物就应该处理掉，我们只应该着眼于"现在"。

关于衣物的断舍离，人们的性格不同，烦恼也有所不同。衣物太多，导致家里一团糟的人，也就是"逃避麻烦事"的人，容易陷入"整理无方"的烦恼。

接下来是"严谨型人的烦恼"。和上一个类型相同，他们也有很多衣物，但是他们在衣物的仔细收纳上花费了过多的时间和精力，非常疲劳。这也是喜爱收纳者常有的烦恼。没有"舍弃",只是把堆积的物品好好整理,其实是没有找到解决问题的根本——到底什么才是必要的物品。

不论是哪种类型,我都希望人们能询问自己:"对衣物有什么需求?"衣物是仅次于皮肤的贴近自己的存在,为我们发挥各种重要的作用。**通过穿这件衣物,想要炫耀什么,还是想要隐藏什么?** 是否存在恐惧和防备、修饰的因素?我想,通过衣物来巧妙地展示自己,让衣物成为人生的伴侣才是最佳选择。

衣物在购买的瞬间,其鲜度最高。 特别是女性,有时候会为"本来暂时不想买什么衣服了,没想到又买了"这样的冲动消费而沮丧。但是,想要通过购物来转换情绪的自我情感也是非常重要的。不过冲动消费买来的衣物也不要一直搁置,一定要物尽其用。你只需要暗示自己"是自己选择并购买了这件不错的衣服"。

不要拘泥于品牌,要把自己的喜好摆在第一位,穿上让自己心动的衣物。

我的理解是：

吃进去的食物会变成身体的一部分。

听到的声音会变成心的一部分。

穿戴在身上的衣物会变成品位的一部分。

也就是说，不在意衣物的人，不论男女，对自己的人生也不怎么在意。

所以说享受你的穿着，就是享受人生。

对你的提问

请站在衣柜前，仔细看看你的衣物。

这些衣物对你来说是怎样的存在？你对这些衣

物有什么需求？它们能否推动你去实现自我，过上理想的人生？对你而言，不再是"伴侣"的衣物就已经完成了它所有的职责，你们的关系"已经结束了"。

"餐具"会为自己的生命"补气"

说起餐具，它们总是在不知不觉间越来越多。只要没摔坏，或者没有搬家之类的重新审视的机会，是不会被轻易处理掉的。有的餐具和自己的品位不相符，但是总觉得好不容易买了，还是搁置起来吧！或者是买了名贵品牌的餐具又舍不得用，而变成单纯的收藏品。

其实重要的是："餐具对于自己到底是怎样的存在？"

仅仅是用来盛放饭菜的工具吗？或许你会这样想。但是我认为它是"接近自己生命的存在"。食物是我们身体活力的来源，而餐具能进一步提高食物所蕴含的能量。与餐具相搭配的饭菜不但看起来

赏心悦目，还能让自己的生命感受喜悦。每一个盛满饭菜的餐具，其实都可以被看作在为生命能源"补气"。如果毫不在意餐具，只是风卷残云般扒完一顿饭，那就和吃"饲料"没什么两样了。

这样一来，我们就不能轻视对餐具的选择和使用。就如同认认真真做出一桌美味的饭菜一般，对餐具也要花上同样的心思，这样我们才能活得更加健康、充满能量。

尊敬餐具，也就意味着尊敬生命。哪怕只是一顿饭，也不能马马虎虎"应付了事"，我们应该以款待自己的心情来美餐一顿。我想，通过增加这样的体验，内心会变得更加从容。

对你的提问

看看你的橱柜吧！当你觉得餐具的总量明显"过多"的时候，请先减少一些不必要的物品，然后将想要保留的餐具一个一个写出来。

这些餐具会用在怎样的场合？会以怎样的频率使用？

在你不断自问自答的过程中，餐具的总量还会进一步减少。

对于剩下的餐具还有最后一个问题："使用这些餐具的时候，我的生命是否保持在理想状态？"

这样选出来的餐具，就是对你来说最为必要的餐具。

"我希望别人认为我是这样的人"，这样的印象体现在你购买的书籍中

物品过度堆积的原因中有一项叫作"对认可的需求"。"我是这样的人，你快看！"我们会将这

样的思维投影于身边的物品。因为"想让对方看到穿着这件衣服的自己",所以买了许多衣物,这就是对认可的需求。想要更加吸引人的注意,于是购买更多的物品来装饰自己。

实际上,家中的各种"纸质物品"也属于这一类型。例如:

"信息",就意味着拥有大量信息的我;"文件",就意味着努力工作的我;"书",就意味着博学的我。

正因为如此，我们才难以干脆地舍弃身边的物品。其实不仅限于这些"纸质物品"，平时我们就要养成习惯，思考周围堆积的物品是否象征着什么。如果无法意识到这一点，就始终无法舍弃物品，并且因为无法舍弃而陷入恶性循环。相反，如果弄明白阻碍自己舍弃物品的因素，那就一定能找到应对的方法。

对你的提问

想想你的家中有哪些"无法扔掉"的纸质物品。
为什么无法扔掉它们？
其实真正需要保留的只是其中一部分。
请将其他"想扔却无法扔掉"的物品列举出来。
这些物品也许就体现了你对认可的需求。

冰箱内部才是重中之重？食品堆积的本质

上了年纪的人，往往喜欢把冰箱塞得满满当当的，就算过了食用期限或者食物发霉了，也舍不得扔掉。为什么无法扔掉？为什么接二连三地买回家又任其腐烂呢？就算问对方这样的问题，对方也只会不耐烦地回答一句："不用你管！"并且还怒气冲冲的。

总是把冰箱塞得一塌糊涂的老年人，说不定就是未来的你，或许有的人觉得"自己已经有这样的倾向了"。

其实，这些老年人的心中充满了"防备和防御"。他们经历过无法随心所欲地购买商品的时代，遭受过那个时代的"精神创伤"。他们总是储存大量的物品来确保自己的生活不受影响，这就是防备和防御的心理在作祟。这是他们心底的不安，但有可能他们自己也未曾注意到。

杂乱无章的冰箱内部，对他们来说就是"防止内心不安的堡垒"。毫无顾忌地踏入这一领地的话，肯定会遭到对方的强烈反击。要是你的家人中也有这样的人（包括你自己），就找出物品堆积的理由，这才是问题的解决之道。

对你的提问

对你来说，冰箱是怎样的存在？

如果没有了冰箱，你会有怎样的感觉？为什么会有这样的感觉？

冰箱意味着丰富的物资——你心中是不是有这样的想法？又为什么有这样的想法呢？

选择和取舍交往对象，
度过充实的人生！

"人际关系"的断舍离

首先应该认清"和那个人难以打交道"的原因

不少人都有"人际关系"方面的烦恼。

有的人是因为和任何人都难以打交道而烦恼。也有的人是因为和某个特定的人难以打交道而烦恼，想不明白为什么偏偏就跟那个人难以打交道。切断人际关系的羁绊，活出自我——这就是舒适度过自己的后半生的要点。

我推荐大家先"仔细审视烦恼"，"对人际关系进行分类"。

自己觉得难以接触的人"为什么"难以接触？除了性格不合这样的原因，有时候也可能是妒忌对方拥有自己所没有的要素。

然后就要判断还有没有必要和对方继续打交道。

希望对方认可自己，希望对方不厌恶自己，你是否因为这些想法而无法彻底切断人际关系？

请把思维的重点放在和对方的"关系"以及"关系的变化"上。

通过整理人际关系来减轻压力

随着年纪渐长，社交生活不如年轻时那么频繁，心中也会出现对于孤单一人的不安。

对长久以来形成的人际关系放手是需要勇气的。

但是，如果自己的时间所剩不多，那么无论是谁都会希望在有限的时间里和认可自己的人一起度过。

你和谁待在一起会感到愉快、舒适？那将是怎样的场合？今后你想和这些人如何加深交往？把你想到的都写下来。下一页就是用来盘点人际关系的清单。"必要、不必要""快乐、不快"，把心中的感觉如实地写下来，你的烦恼就能得到解决。

如果不太想接触的、令人感到困扰的人给我打来电话，接电话之前我就会犹豫："哎，怎么又打来了？"人心是最诚实的，一瞬间你就可以明白自己心中所想。

不要疲于应付他人。

你想和怎样的人如何交往？希望读者牢牢把握这一点来选择生活方式。

将待在一起会"心情舒畅"和"心情郁闷"的对象列出来

让人心情舒畅的人是……
- 见到他很高兴。
- 和他在一起能够保持自我。
- 能够坦诚相诉。
- 见到他以后就能恢复精神。

对你来说,让你"心情舒畅"和"心情郁闷"的人都有谁?
为什么?
今后你想和他们如何交往?

↓

让你心情舒畅的人，能够给予你巨大的能量。有意识地增加见面和交谈的时间，今后的人生会更加愉快和轻松！

● 山下英子的观点 ●

和让人"心情郁闷"的人待在一起，自己的能量很容易被夺走，和这些人要保持适当的距离。相反的是，与让人"心情舒畅"的人应该增加见面和交谈的时间。这些人能够让自己的人生更加充实，所以就算不能和对方经常见面，也千万不要久疏问候，而要注意维系长久的友谊。

やました ひでこ

专栏

"无法舍弃的我"就是"不愿被舍弃的我"

在演讲会的问答环节中，有人问了我一个意外的问题："到现在为止，您断舍离的所有物品中，最难以舍弃的是什么？"

面对突如其来的问题，我回想了 3 秒后这样回答：

"嗯，它不是物品，而是人际关系。"

人际关系的断舍离，或许任何人都有所经历。从提问者的表情和在场人们的议论声中，我体会到了这一点。

对我来说，对方是深交了15年的人，也是我的恩师。

但随着交往的加深，我自己总觉得有什么地方不对劲。尽管对恩师的言行、态度、思考的价值基准渐渐产生了疑惑，我还是始终认为必须认可这一切。交往了很长时间，对方也没什么坏心眼，最重要的是，对方是教会我许多道理的恩人——我总是这样告诫自己，但心中越来越觉得不对劲。

我到底在恐惧什么？我要否定和对方15年的交往吗？我要否定所学到的一切吗？随着烦恼的增加，每次见到恩师我总是觉得胸口发闷，身心的苦痛已经达到极限。最后，恩师突然决定将我逐出宗门。

因为恩师已经敏感地觉察到，我已经不再尊重他。无意间，我们将消极的"意识"传达给了对方。我对恩师抛出的是不再尊重对方的意识，恩师抛回来的是充满愤怒的意识。

随后，即使终止了和对方的交往，我心中的负面情绪仍然不断堆积。花了两年的时间，我才从中解脱出来。

我个人是烦恼于师徒关系。除此以外，对于"让人感觉不适的人"，有时候即使是写张贺年卡或者发邮件都会让人感到压力。

如果是难以割舍的亲友、恋人、丈夫、妻子或孩子的话，这就会变成更加棘手的课题。

解决人际关系，有时候会觉得一身轻松，有时候也会痛苦难堪。

但或许只有这样，我们的心才会更加坚强。

比起和外人的关系，和家人的关系更容易引起问题

在人际关系方面不得不谈的就是家人关系。其中"亲子关系"，特别是"母子、母女关系"的问题最难解决。"父母疼爱孩子""孩子敬爱父母"，不少人都苦恼于被这样的观念绑架。这就是被"幻想"绑架而偏离了"现实"。

其实可以这么思考：父母和子女都是人。有爱

恋的时候，也有憎恨的时候；有疼爱的时候，也有轻视的时候；有称赞的时候，也有感到嫉妒的时候。这些都会发生在亲子之间，因此大家都处于同一立场。人与人只是偶然相遇，却如同事先计划好了似的结下了亲子的缘分，这就是我们的世界。因此在思考亲子关系之前，我们应该从更广的视角来俯瞰这种人际关系。

想要终止某段人际关系，但又恐惧对对方视而不见——这是亲子关系中特有的心理。仔细一想，其实也可以理解为："无法舍弃的我"就是"不愿被舍弃的我"。我想，正是对舍弃和被舍弃的恐惧**让人无法干脆地舍弃**，动弹不得，又内心苦闷。

无法舍弃的根源在于恐惧。这样的恐惧来自何处？恐惧到什么程度？例如来自从小和父母的消极关系，或者在成长中不断堆积的缺失体验，等等。找不到出口而扎根在心中的恐惧，是我们亲手给予它养分，让它成长为一个怪物的。

对被拒绝的恐惧，对被舍弃的恐惧，这是任何人都有的情绪体验，并且伴随一生。

即使"舍弃了"，也并不意味着自己"被舍弃"了，不会产生自己所恐惧的后果。

通过反复积累这样的经验，人们就会不再恐惧舍弃。

只要找到出口（舍），恐惧就会自然地外流和减弱，再关上入口（断），恐惧便不会进一步扩大和加深。

不要在亲子关系对峙的旋涡中相互消耗。在生活中保持适当的距离，"审视彼此的关系"也很重要。

面对蜂拥而至的信息，
不要浪费时间

"信息"的断舍离

必要的信息自然会来到你身边

实际上，我现在几乎不怎么看电视、用电脑、读报纸。以前要是手机或者电脑出了什么故障，我就紧张得不得了，因为我认为作为有素质的人，从媒体获取信息是必不可少的。现在我虽然没有彻底否定通信，但是对获取信息和知识的"焦虑感"消失了。我认为，"对现在的我来说，真正有必要的信息和知识一定会以某种形式呈现在自己眼前"。

也许就是因为"对自己的信赖感"增强了,焦虑感才消失不见的。

我们为了获取日常生活中必要的信息,或许无意间支起了一根捕获信息的天线。但如果天线接收了过多的信息,敏感度反而会下降。乍一看觉得获取的信息越多,越能发现有利的信息,但其实有时候反而会错过重要的信息。

特别需要注意的是免费的信息。

错过就会吃亏的固有观念使得人们总是希望以更便宜的价格购买商品,于是连续好几小时都泡在网上查找信息,但这期间流失的时间的价值又有多少呢?

随着年纪渐长,对信息的处理方式应该更加谨慎。为了不浪费人生的重要时间,有时候拒绝信息也是很重要的。

不要因为不必要的信息陷入内心的混沌

现在的我已经没有拼命想要获取信息和知识的

贪念，这意味着曾经我对知识分子的憧憬已经烟消云散。也就是说，我内心想要"被别人认为是知识分子和有常识的人"的这种在意他人眼光的念头，不知不觉间消失了。为什么我们总是想要获取信息和知识呢？是为了面子、尊严，还是因为每天的惯性？请问一问自己。

SNS和博客都是收集信息、发送信息的工具。但最近，通过这些工具将自己和他人做比较而感到沮丧的人越来越多。有的人看见别人比自己更加努力，或者是别人的生活水平更高，便开始"自我否定"。有的人还会定期查看他人的博客，这简直是一种近似病态的习惯。因为他人发布的信息而让内心混沌不已，这是极其浪费时间和能量的行为。

人生剩下的时间，只获取必要的信息就够了。**通过整理和关闭信息渠道，才能感受到内心的安宁。**

年龄越大,就越不应被"信息"迷惑

现在这个时代,只要活着,每天就会被蜂拥而至的信息包围,所以必须培养"分辨信息的能力"!

> **要是被淹没在信息的洪水中,就会……**

- 总想买新的物品。
- 总认为"应该"做某事或"必须"做某事。
- 总是自我暗示"肯定会变成……的结局"。
- 非常在意别人的意见。
- 总想要确认"自己是不是弄错了"。
- 总希望他人承认"自己的存在"。

获取的信息越多,越是不安。

越不安,越是想要得到更多的信息,从而导致恶性循环。

写出自己的信息来源。

	常看的节目	为什么常看
电视		

	常听的节目	为什么常听
广播		

	常浏览的网站	为什么常浏览
网络		

其他（从报纸或朋友那里获取的信息等）	

⬇

从这些媒体中获取信息真的有必要吗？
　　请确认一下这些信息中是否潜藏着煽动内心不安的有害要素。

> 比起今后后悔
> "要是当初没做这件事就好了",
> 倒不如重视现在
> "幸好做了这件事"

"后悔"的断舍离

思考和行动哪个在前?

在研讨会上,有学生问了这样的问题:

"应该仔细思考后再采取行动",还是"应该先行动再思考"呢?哪个方式更好?

从常识的角度来说,为了将来不后悔,仔细思考后再采取行动是合理的。

其实自己的关注点才是最重要的。当你想要避免将来后悔的时候,你的关注点就放在了将来的后悔上。要是拘泥于未来的"困扰"和"遗憾",那么不管怎么思考,都无法采取行动。

不希望将来后悔,这其实是在假想后悔时的场景,于是思维就受限在后悔的狭隘框架里。

我们不管做什么事,都会后悔。

要是往右走,就会后悔没往左走。要是扔掉了物品,就会后悔不该扔掉;要是没舍得扔掉,又会后悔没扔掉。

如果你的关注点不集中在眼前的事物上,那就会永远和后悔同行。

将关注点放在"阳"面上:要是舍弃了物品,现在的生活该有多么神清气爽、舒适美好啊!

将关注点放在"阴"面上:要是舍弃了物品,今后会不会不方便、会不会后悔?

显而易见,必须将自己的关注点放在希望和后悔二者之一上的话,要是着眼于希望,那么自然就会摆脱后悔的思维。

比起后悔,请选择希望。

比起未来,请选择当下。

强化这种思维的课程就是"断舍离",希望大家在日常生活中多多实践。

此外还有一种思考方式。

后悔和希望其实是一体的。就算发生了让人后悔的事,随后心中也总能涌起一股希望,就如同来自神的一份意外的礼物。不用恐惧后悔,一切都是按照神的旨意在进行。

因此完全可以优先进行"现在"想做的事。

没错,真正后悔的事情,也许只有在人生的终点才能知晓。

断舍离和"后悔"的关系

有人因为进行了断舍离而后悔扔掉了某件物品,也有人不希望将来后悔而不想进行断舍离。那么我们可以这样思考:

① 把用于重新购买的钱当作"寄存费"。

→ 舍弃掉的物品如果还想要,那就再买一次。就算内心抵触舍弃,如果可以再次买到,但是现在又不需要的话,就应该舍弃。

② 回忆将"留在心中"。

→ 就算扔掉,就算从眼前消失,这件物品也会永远保留在心中。人的心是无限大的。比起实物,回忆更美好。

③ 不舍弃就无法体验到"爽快感"。

→ 虽然觉得后悔,但心中的"爽快感"才是最重要的。应当保持心情的舒畅。

最近有没有什么因为将之断舍离而"后悔"的事或物?

从另一方面看,有没有得到什么好处呢?从结果上来说,你更重视哪一方面?

● 山下英子的观点 ●

对于做出的选择,是关注"得到的结果",还是关注"后悔"?对事物的看法就如同硬币的两面。如果希望保持内心冷静,当然也可以暂时不做出选择。也就是说,"不进行断舍离"这样的判断也是可以理解的。我有时候也会建议别人:如果感到困扰、产生压力的话,也可以不用进行断舍离。

やました ひでこ

> 专注"现在,这里,我",
> 寻找"能够做到的事"

"烦恼"的断舍离

源自生活的不安和烦恼

纪实文学作家石井光太的著作《遗体》(新潮社),是关于东日本大地震后收留众多死难者的遗体安置所的纪实文学。在此介绍其中一段让我印象深刻的内容。

"人们为了确认遗体身份而进行齿形确认。人死后,嘴部由于僵硬而闭合,即使想方设法,最多也只能让死者的嘴张开两毫米左右的间隙。不但要从这两毫米的间隙里掏出污泥，而且因为停水，只能用塑料瓶从河里取水来冲洗口腔。好不容易去除了口腔内的污泥，死者的头部只要稍微倾斜一点，肺和胃里的污泥就会反流而出，于是口腔内又满是污泥。这样反复进行的冲洗仿佛没有尽头，是一项漫长而悲壮的工作。停水停电，也没有足够的工具，留下的只有寒冷中的颤抖……"

我曾经见过石井本人，和他直接谈起过此事，当时我心中浮现了这样的想法：

整理无方的烦恼；无法舍弃的烦恼；因为物品堆积如山，自己不知如何是好的烦恼。

如果你因为这些烦恼而进退两难，那么首先请意识到这些烦恼都是过于奢侈的。

烦恼的我们还活着。正因为活着，才能感到烦恼，所以根本没有必要为整理无方而烦恼，采取应对措施即可。

让生命升华的思维点在于"现在，这里，我"，我们的生命就是要让这三者感到愉悦。

但是我们往往不擅长行动。因为当我们准备采取行动的时候，总是担心自己"办不到"。

也就是说，当我们关注期望的结果时，就会开始恐惧无法达成的后果。因为害怕失败，于是在心里列举可以避免行动的各种理由。

还有一种倾向：**当处于愉悦的状态时，人们就会开始思索什么事情"办得到"**。思索什么事情办得到的思维，就是从诸多不利条件中寻找微小的着手点，来引导自己采取行动。

不要关注行动带来的"结果"。只有在思绪驰骋的"现在"体会心的"状态"时，我们的理性、感情和行动才能高度统一，才能摆脱固执。

断舍离式烦恼的思维地图

无论想到什么,都请记录下来。

将束手无策的烦恼全部列举出来,将"烦恼"作为实物进行视觉化,然后确认这些实物中"有怎样的痛苦",以及"痛苦的程度"。接下来,就要对这些实物逐一进行断舍离。

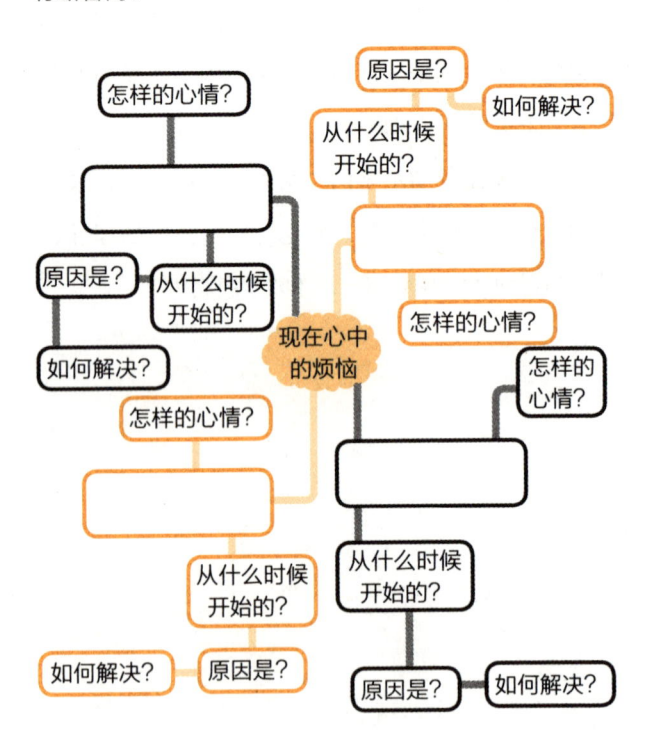

● 山下英子的观点 ●

烦恼是一种看不见、摸不着的抽象情绪。前面讲的就是将它们一一列举、便于从整体视角来俯瞰问题的心灵地图。它有助于梳理内心,所以除了烦恼,还可以用于对"想法""想做的事""必须做的事"的思索。通过制作心灵地图,可以掌握自我选择、采取行动及细致观察的方法,并找到解决问题的线索。

やました ひでこ

物尽其用，
钱尽其值

"对金钱的不安"的断舍离

担心无法拥有而总是不安

"因为自己没钱，所以总是一个劲地囤积物品。"这是我的学生在研讨会上的发言。无论是谁，都无法保证将来不会为金钱所困。即便是有钱人，也会担心"某天突然就断了财路"。对金钱的不安和拥有的物品及欠缺的物品无关，它是一种无穷无尽的烦恼，因为人们总是关注"对未来的保障"。

对于自己欠缺的事物，无论是谁都会感到不安。

此时，将视点转换至"现在拥有的物品"则极为必要。即使现在贫穷，但只要活着就一定会产生某种程度的金钱流动，这就是生存本身的证明。

虽然俗话都说有备无患，但也有可能准备过多，让人饱经忧患啊！

信赖自己就能摆脱不安

仅仅把金钱储蓄起来是没有意义的。自以为是在存钱，其实还储存了不安的心情。

归根结底，为什么会产生对金钱的不安呢？

实际上，其根本原因和物品堆积是相同的。这是因为没自信，一旦手头欠缺就会产生不安。

对居住的空间充满了不安，体现在物品的堆积上；对自己的将来充满了不安，体现在对金钱的储蓄上。

对我们来说，保持健全思维的先决条件就是置身于流动性之中。流动性是一种新陈代谢，但不安导致了内心淤积，人们往往会陷入"拥有越多，越觉得不安"的状况。

食物进入我们的身体，然后被排泄出去。金钱和食物有同样的能量，有进有出，抑或有出有进，这样的循环至关重要。没有自信，觉得"要是更有钱的话，别人对我的态度就会有所好转"，正是有这样的期待才会产生对金钱匮乏的不安。其实并非如此，没有钱我也能活下去，没有钱也会有他人愿意帮助我——心中如果有这种对自己和他人的认同感，就能避免过度储蓄。因为不安而储蓄、执着于金钱的时候，就应该坦然地放手。

这就是物尽其用，钱尽其值。

幸福并非取决于金钱

为了让自己从不安的执念中解脱出来，最有效的方法就是在日常生活中进行一些小训练。

这非常简单，就是以感恩的心将金钱支付给对方。例如，在便利店或者快餐店里即使只买了少许物品，也要看着对方的眼睛，微笑着说声"谢谢"。

不论对方有怎样的反应（也可能有几分惊讶），都要这样做。这时候的"自尊心"非常重要。进行消费就意味着对社会做出贡献，就算现在并不富裕，每天进行消费的自己也是一种出色的存在。我们应该以这样的心态去面对生活。

我们因为购买商品而心情愉悦，商家也因为获得利益而得以存续。通过金钱的力量推动社会发展，让社会良性循环——我们可以在这样的思维方式下进行消费活动。这样的话，类似"又有新的账单"或"又花了不少钱"的想法就会消失。

如果能够"以平和的心态进行支付"，那么以平和的心态支付的金钱一定还会回到你的身边。

当你认为"能够支付金钱、能够对社会做贡献的自己也很出色"的时候,类似"我不够富裕或没有足够的钱,从而对未来充满不安"的消极自我印象就会发生改变。不要关注拥有多少财富,而要关注通过使用金钱而获取的幸福,以及通过使用金钱对社会做出贡献而获取的自信。这样一来,就能建立起和金钱的良好关系。

当然如果谈到贡献,仅仅支付金钱并不意味着对他人的贡献。

例如,佛教中有"无财之七施"的观点:温柔的目光,温柔的语言,行动起来帮助他人,关心他人,和气微笑待人,让座,让自己的家变成适合居住的空间。

能够对他人和社会做出贡献的自己,活在这一刻,就是一种出色表现。这一刻的自己是否怀抱感恩之心?抑或自己是否注意到了上述这一疑问?在视线从金钱的不足和不安上转移的时刻,或许对金钱的烦恼就会发生"质变"。

专栏

重新思考"工作"
"家人"和"照料"

在人生第二阶段更应敢于冒险

找寻能够给予你充实感的"工作"

现代日本社会,男性会工作至退休,甚至不少女性在生育以后也会继续工作,但似乎许多人退休后总觉得精力耗费殆尽,不知道该干点什么好。确实退休后能够从工作的压力中解脱出来,但压力和忙碌也意味着自我存在的必要性,所以我很理解手上无事可做时的无聊心情。有的人在退休后就开始周游各地或者搬到乡村去居住,以迈入自己人生的第二阶段。但是不管在哪里过着怎样的生活，任何人对于未来都是心存不安的。

要想对这样的不安进行断舍离，尝试一下"工作"最为有效。所谓工作，并不是指劳动或再就职，而是做事——例如不少女性每天都要做的家务事。虽然做家务并不能赚到什么钱，但对于经营日常生活，对于生存，这都是必不可少的工作。我想，即使和经济活动没有什么直接关联，这些推动生存的"工作"也能让人生的晚年更加充实。

为了保护自己和家人的健康而整理生活环境——做家务，就是这样一种出色的工作。它不但能让有关选择、决断的思维更加活性化，还能让你在打扫整理的时候运动身体，让消极的思维方式远离你。

不要犹豫！只要思索和行动，自立和自由就会随之而来

在"想要断舍离的物品"问卷调查中，我很惊讶排在前几位的竟然有"丈夫"这一选项。当然我也曾考虑过这一点,但是没有想到有这么多妻子"想要断绝"和丈夫的关系。

似乎有不少人正要或者打算采取"断舍离行动"。"虽然想要离开丈夫过上独立的生活,可又担心经济上难以维持",这样的想法则是最大的"瓶颈"。此外,"难以决断而时间又一天天流逝,不知如何是好"的现状也让她们烦恼不已。

我是这样想的:

和不想待在一起的人或物共同生活,不就是在浪费自己的人生吗? 不但丈夫不高兴,自己也心情郁闷。共同生活的时间毫无建设性,白白流逝。

即使最初保持着良好的关系,人与人的关系也总是会随着时间而改变。某种意义上这也是无可奈何的事,很难弄清到底是哪一方的过错。"关系发生了实质性的变化",那么接下来就该考虑如何面对这一变化。如果心中期待"将来一定能恢复良好的关系",那么花时间去等待也是一种办法。但如果重视的是"我和这个人在一起无法感到幸福"的事实，那么完全可以"按照自己的想法"来采取行动。

如果最终结局是离婚，你脑中会浮现出什么？仅仅是"为金钱困扰的自我"吗？我想除此以外更重要的是能够获得自我重生一般的舒畅心情。如果能够在精神上独立，那么在经济上也是可以独立的。

"照料他人、被他人照料都是理所当然的"的想法是一种执念

随着老龄化社会的不断推进，日本有大量老年人需要照料。我和周围的许多人一样都在赡养父母。本想着好不容易子女长大成人独立了，可以好好度过自己人生的第二阶段，此时等待自己的却是赡养父母的责任。倾听了不少意见以后，再结合自己的经验，我认为有必要重新理解"照料"这个词。

照料就是指对他人进行保护和照看。照料这个

词的行动主体终究还是"自己"。但如果觉得自己是被迫去照料某个人,照料就会变得麻烦又辛苦。

照料的主体是自己,必须照料他人的"执念"也是来自自己。

再比如说"敬老"这个词。

尊敬老人这件事最初是由谁决定的?还是说人们都有必须尊敬老人的固有观念或执念?

当你跨出思维的框架时,也许就能看到不同的景色。同时你会意识到,人年老时容易陷入"被人尊敬也是理所当然的"的执念。"因为我照料了父母,所以我年老的时候被人照料也是理所当然的。"如果你活在这样的执念和强迫症里的话,你和他人之间的分歧也许只会愈演愈烈。

照料自己的长辈,被自己的晚辈照料,这都是你自己的选择、决断。你有多重视这一点?如果没那么重视,你又会采取怎样的行动?如何委托他人来照料自己?这些都需要自己做出选择和决断。此外,面临高度老龄化社会的我们,应该铭记美国作家的这样一句话:

"在我们的文化中,在众多自我达成的预言中,恐怕最有害的一点,就是年纪渐长会带来衰弱和病痛这一执念吧。"(玛丽琳·弗格森)

活在执念枷锁下的我们,又该如何解放自己呢?

不要勉强抑制怒气，
找准"模式"来寻求对策

"愤怒"的断舍离

通过审视和检验价值观来减轻愤怒

你是否想过采取什么手段来抑制自己的愤怒情绪？实际上没有必要压抑愤怒，愤怒根本就是压抑不了的存在。

喜、怒、哀、乐是全人类都具备的情感，情感是自然产生的。给情感打上"好坏"的标签是没有意义的行为。情感是如同打嗝一样的生理反应，任何情感表现都是理所当然的。

那么，对愤怒的情感是否就没有应对的方法了呢？并非如此。首先你应该审视陷入愤怒旋涡的自己。

通常情况下，人们会因为"对方没有按照自己的期待去做某件自己期待的事"而愤怒。也就是说，愤怒这种情感源自"应该做某事"的价值观。为了平复自己的愤怒，便常常攻击对方，对方当然也会给予反击。

尽管情感都产生于自身，但人们总想着把自己难以控制的情感归咎于对方。感到愤怒确实是很自然的一件事，但是因为愤怒而陷入焦躁不安"状态"的是你自己。所以应当好好审视自己是在什么场合下、因为怎样的事而愤怒的，然后针对生气的"模式"来寻求对策。

只要找到生气的"模式"，就很容易找到解决问题的方案了。

希望别人更理解自己却事与愿违时的愤怒

"辛苦准备了一桌饭菜，丈夫却很晚回家"，便对他发火,其根本原因在于"本想和丈夫待在一起而没能如此,所以感到寂寞"的心情。世间的抱怨者大抵都是希望他人能"仔细倾听自己的话",并且都是因为他人辜负了自己的期待而愤怒的。这样的愤怒也是对自己的愤怒。对自己充满了期待,但又无力实现,因而将愤怒的矛头指向了自己和周围的人。

对自己的愤怒不断堆积就会变成"易怒体质",容易攻击他人,也会被他人攻击,有可能终其一生都无法得到内心的安宁。这样的人生还有什么意思呢?

通过重新审视"自己应该这样做""他人应该这样做"的价值观,愤怒的程度、性质及频度都会随之改变吧!

不要被"愤怒"的情感支配人生!

没礼貌的店员

不遵守约定的同事

不认可自己的父母

总是抱怨的友人

愤怒

对自己评价不高的上司

不照料父母的兄弟

优柔寡断的伴侣

自私自利的孩子

⬇

这些不胜枚举的情感,它们背后都有一种"本来就应该如此"的执念。

最近你因为什么事而发怒了?
这些愤怒的根源,是否潜藏着"一切都是别人的错"的执念?

● 山下英子的观点 ●

愤怒的情感也许正支配着你的人生，其严重程度远超你的想象。

当你因为某个人而恼怒的时候，时间也匆匆流逝了。有的人可能一辈子几十年都在生气，人生的一切就是愤怒。我们应当尝试通过审视愤怒的"模式"来分析易怒的自我。

やました ひでこ

不要等待，
自己先行动起来

"对他人的期待"的断舍离

等待就表明对他人有所期望

总是等待别人为自己做点什么，比如一句话不说，却等待对方来体谅自己，或者等待对方明白自己正在等待着什么。

但假如对方毫无响应，许多人就会感到焦躁不安，进而陷入黯淡阴郁的情绪，徒增烦恼。

谁都不理解自己，愤怒无法抑制。

无意识也好，有意识也好，我们总是对他人充满期待，也活在他人的期待之中。我并不想否定这一点，因为不被任何人期待的人生是极其悲哀的。期待本身没有什么问题，当我们的期待无法实现的时候，心的状态才是问题所在。

期待落空导致的愤懑和不满。

不能随心所欲引发的怨言。

直击人心的深深的失落感。

以上任何一种情感都是源自自己和周围的人在价值观上的差异，并且越是拼命想让他人理解自己的价值观，就越会感到徒劳和疲惫。

"一切都是别人的错"，只要陷入这样的被害者意识，便无法找到解决烦恼的切入点。

可就在你意识到是自己将价值观强加于他人的那一刻，他人身上曾让你匪夷所思之处或者你心中的郁结，就会如同产生了化学反应一样彻底溶解。

这是因为**人们总是难以忍受自己的价值观被侵犯，对这样的侵犯只会反感。不过只要明白对方并没有否定自己，就可以卸下心防了。**

首先，我们应当坦诚地表达自己的想法。

尝试着用语言将自己现在的状况，以及现在的心情表达出来。

主语当然是"我"。

自己想怎样做，自己想变成怎样的人，这些都是自己的领域。

想要别人怎样做，想要别人变成怎样的人，这些都是别人的领域。

断舍离只需要你彻底深入地关注自己的领域。

他人并不会按照你自己的期待来行动——基于我的人生经验，这一点是显而易见的。即便明白这一点，你或许也还是会"一言不发，只是等待着"他人的响应。这样的等待本身就是以"他人一定会满足我的期待"为前提。

至今为止的人生中，你已经"等待"了多久？**放弃"等待"，按照自己的意志驰骋**，才能迎来真正轻松愉悦的人生。

"经常被他人辜负"的原因

> 我们总是认为他人会按照自己的期待采取行动，或者是想让他人按照自己的想法采取行动。

这样的想法之中，有种通过控制他人来"确认自己的存在价值从而感到放心"的心理。

最近你对谁有过怎样的期待?

在这样的期待中,是否潜藏着"对方满足我的期待也是理所当然的"的念头?

● 山下英子的观点 ●

要从对他人的期待中解脱出来,首先要承认自己的价值。就算对方不按照你的期待采取行动,对你自身的价值也没有任何损害。"相信他人,但不要期待他人",保持这样的心境才能让你轻松愉悦。

やました ひでこ

有时间烦恼，
还不如行动！

"借口"的断舍离

正因为麻烦，所以才要行动

"总而言之就是觉得特别麻烦。整理也好，扔掉也罢，甚至连考虑扔掉还是不扔掉都觉得麻烦……"我常常听到这样的声音。

"麻烦"这个词，常常不知不觉就变成了口头禅。世上确实有不少麻烦事，尤其是当你忙碌或者疲劳的时候。但我认为轻易说出"麻烦"二字，也是一种对生命的不逊和辜负。当你随口说出某个事物很麻烦的时候，也就等同于你对自己说："活着、生活、生存都是麻烦的事。"这样的话，自己的人生还有什么乐趣可言？别说乐趣了，这样的人生最终只会枯萎。

觉得麻烦，是一种来自身体和生命的信息。如果对眼前的问题置之不理，则势必会朝着不妙的方向发展，这时候我们就会感到麻烦。麻烦的工作，麻烦的事物，麻烦的人际关系……千万不要因为麻烦而搁置问题，越是麻烦越要积极采取行动，寻找改善问题的对策。搁置问题实际上就是在白白消耗自己的能量，只会招致疲劳，进一步放大问题。

正因为觉得整理房间是件麻烦的事，所以才开始整理。让人生从恶性循环转为良性循环的关键就在于"麻烦的事物"。

如果感到烦恼和担心，倒不如把烦恼担心的时间和精力用于行动。

从"想做"到"做"的语言转变

人们找借口的时候,心中想的都是"不希望他人降低对自己的评价"。不过从结果上来说,往往都是自己降低了对自己的评价。我们说出的每一句话,都是说给自己听的。"反正不好处理""这件事太费力了""我的理由是……""但是……"……每当我们嘴里说出这些话的时候,消极的能量就开始在体内积蓄,我们对自己的评价降低的同时,他人对我们的评价也会降低。总是找借口的人都是嘴角下垂,满脸愤懑、不满,并且心里想的都是"想要这样做"或者"想要变成这样的人"。

其实我们可以尝试着把"想做"替换成"做",将"想要"替换成"得到",将愿望转换为意图和意志。

这样的转换就是加速行动的油门。

从"借口"中"领悟"

请通过勾选下述口头禅,确认自己是否有找借口的问题。

- □ 都是别人的错。
- □ 要是有……就好了。
- □ 反正……
- □ 我的理由是……
- □ 就算你这么说……

- □ 稍微有点……
- □ 我记得这件事做了啊!
- □ 一不小心就……
- □ 因为我不知道这件事。
- □ 这也是没办法的事。

- □ 我匆匆忙忙地就……
- □ 无所谓。
- □ 我以前就是……
- □ 不对!(打断对方的话)
- □ 喊!(咂嘴,厌烦)

除此以外,你还有什么口头禅?

通常情况下，有"因为……，所以就应该……"这样的想法就是在找借口。那么我们可以把这样的想法颠倒过来。

> 因为疲劳，所以不想做扫除。

> 做了扫除，疲劳也能一扫而光。

> 因为没什么用，所以不读小说。

> 读了小说，一定会对自己有所帮助。

> 因为不爱丈夫，所以也不怎么交流。

> 只要多交流，就能和丈夫度过愉快的时光。

> 因为没时间，所以不整理房间。

> 通过整理房间，时间反而会增加。

通过想法上的转变，做许多事情都能摆脱借口，直面"现实"！

你说的话甚至会塑造你的人生

不要轻视语言的力量

改变每天早上的口头禅

每天早上醒来的时候,最理想的状态就是对自己说一句:"又迎来了一个美好的早晨,今天要加油啊!"我以前特别害怕早起,总有一种"嗯,一天又这么开始了"的心情。我觉得这也有来自母亲的影响,因为以前母亲总是一大早就开始叹气:"啊,又是疲劳的一天!"但其实她身体并没有什么特别不舒服的地方。这也许是母亲希望得到我的关心所发出的讯号吧。

消极的语言会让你的心情更加消沉,听到这些话的家人也会跟着变得无精打采。

你平时经常无意中脱口而出的话有哪些?不如尝试着回想一下吧。

改变话语就能改变自己

日语中有个词叫作"言灵"(话语的不可思议的作用。在古代,话语被认为寓有神灵的力量),人们认为说出的话语之中蕴含着说话者的心境,似乎会进入人们的潜意识,还会投影到人格中。我常常有意识地告诉别人"我要做某事"。不是"想做",而是"要做"。

例如,比起告诉家人"我今天想要打扫厨房",倒不如说"我今天打扫厨房",后者包含了你的意志和意图。"我要做某事"这句话不是愿望,而是在宣告对自己的承诺(约束)。

越是期望,越难以实现

"我想这样做",以及"我想变成那样的人",如果有这样的想法,就证明其在现实中并未得以实现。"我想瘦"就意味着我现在很胖。"想要整理"的时候,就意味着房间没能整理好。

因此,通过"期望"这一行为,我们反而在脑中强调了"愿望没有得以实现"这一现实。例如,当你"想要瘦身"的时候,头脑里反而强化了"肥胖的自己"这一印象。比起愿望,我们更应该强调"已经实现了愿望的自己""为了实现愿望而采取行动的自己",这样才能将想法付诸实践。

为了实现这一点,改变自己的话语尤为重要。比起"想做某事""想成为那样的人",在脑中输入"能够做到""要成为"的印象,你就能更加迅速和积极地付诸行动。

改变语言会带来好运

意识到自己平时无意中使用的具有约束性的词语、消极的话语,并尝试着替换成别的话吧!

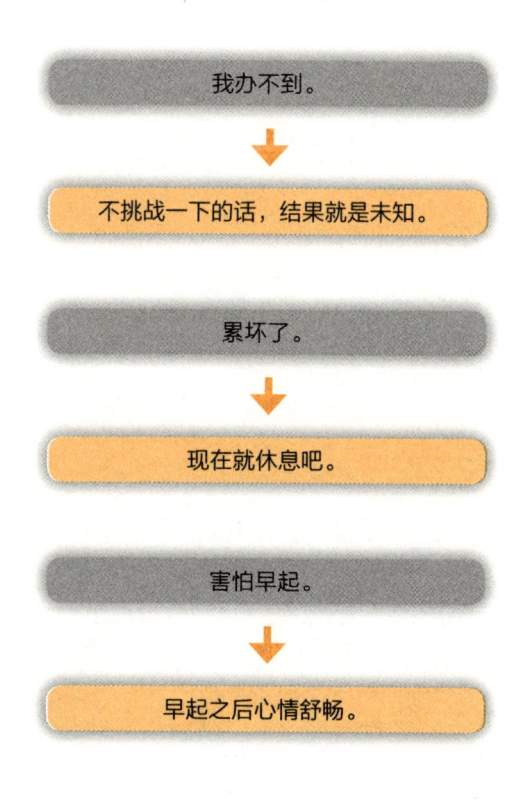

我办不到。

⬇

不挑战一下的话,结果就是未知。

累坏了。

⬇

现在就休息吧。

害怕早起。

⬇

早起之后心情舒畅。

实际上我们很擅长把"消极的现实"挂在嘴边,例如"办不到"和"累坏了"之类的话。请把你平时常常脱口而出的"消极的现实"列出来。

● 山下英子的观点 ●

"我忙得不得了,完全顾不上自己的形象了。"我和某位友人久未碰面,这就是对方开口的第一句话。也就是说,这个人接受了因为忙碌而衣冠不整的自己,并且真的越来越邋遢。话语引起行为,行为则体现了这个人的内心,这真是可怕。因此,声调、遣词造句、说话的场合与对象,这些都必须重视!

やました ひでこ

> *"自我"和"自私"*
> *截然不同！*

"自私"的断舍离

勿将自己的价值观强加于人

对于"自我"这个词，常常有人询问："这个词是指随心所欲、自私的生活方式吗？"

"自我"和"自私"，要想找准两者的分界线，我想有必要整理一下思维。

"自我"是指倾听自己生命的声音，关注现在的自己在思考什么、在体验什么的过程。并且，"我"将由此摒弃虚伪，变得坦诚。这是彻底审视自己的行为。从加深对自己内在领域的思索这一点来看，或许也可以理解为内省和冥想。但如果将自己内在的领域强加于人会怎样呢？那就立马变成"自私"了。

例如，我认为"任性"的行为就是为了满足自己的想法而控制他人。这就是"自私"。表达自己的心情——"我想要这样做"则是一种"自我"，但是没有必要把自己的想法强加于人。任性只会给双方留下不快的体验，"自我"却能让双方认同各自的价值观。

随着年龄增长，人们更容易偏向"自私"

日常生活中，你是否曾经被人"多管闲事"？这其实也是"自私"。

"我觉得这件衣服很适合你，所以给你买来了。"

"我是为了你好才给你建议的。"

明白了吗？这只是将自己的价值观强加于人的行为，并不是什么热情。

因为强加于人的时候，根本没有顾及对方的心情，所以只会是"我表达了自己的热情"的错误的自我满足。这就是"自私"。

随着年龄增长，"自私"似乎变得越来越顽固。总是把"为了你好"挂在嘴上的年长的亲戚，常常不受晚辈待见，就是很好的例子。

要是真的重视他人，那么首先应该保持自我。

面对日常生活中的小事也能笑开怀，觉得乐趣无穷，这一点你能做到吗？

如果一个人的内心总是容易满足，那么他一般不会给别人造成困扰，不需要向他人诉苦，而是轻松愉悦地度过每一天。

在生活中，你会选择哪种"基准"？

自我	以自己想要怎么做为基准。
无主见	完全把他人的想法作为行动和判断的基准。
无意识的无主见	无意识地"希望得到他人的好评""不希望别人对自己不满"，导致脱离了原本的自我。
自私	希望对方按照自己的想法采取行动而意图控制对方。
贡献	在确立了自我的基础上，能够为别人做出贡献。

如果以"自我"为基准……

- 自己喜欢。
- 自己选择。
- 自己变得充满朝气。

→ 周围的人和物都是让人心情舒畅的存在。

如果以"自私"为基准……

- 希望对方按照自己的想法行动。
- 觉得对方为自己做某事理所当然。
- 对方会给予自己什么？

→ 一切都是别人的错,最终事与愿违,陷入怨恨和不满。

如果以"贡献"为基准……

- 自己的幸福就是"为他人做贡献"。
- 以"对他人有用"为基准。

→ 肯定自己、接受他人,内心平和充实。

专栏

从"饮食""人际关系"和
"时间的利用方法"三方面
来塑造自我

锻炼"自我"！活出自己的人生！

尽情享受"自我"的美食

我们的日常生活就是持续的选择和行动。

这样的持续，构成了现在的自我。

我们自己选择并吃进嘴里的食物，构成了现在的身体。

这样的想法看起来没有什么问题。

但如果现在自己的身体是由被迫吃下去的食物构成的话，会怎样呢？

那就可以说，自己的身体和思考的主体都是"他人选择、决断"的产物。

即便如此，我们也常常无法意识到这一点：在吃饭这件事上，"我们被他人的强制力影响"。

例如某天聚餐，明明没什么食欲，只想简单吃点东西，却因为顾虑到周围的朋友而点了和大家同样的套餐。你是否也遇到过这样的事呢？

如果你也有过这样的经历，那就等于完全无视自己的"意见"，吃了一顿"无主见"的饭。在想要进食的时候，请尽情地吃一些自己想吃的食物。如果不想吃就别吃。这就是以"自我"为基准的饮食。如果能做到这一点，不用在意他人的意见，甚至还可以自己选择食材、自己做菜，这样的饭菜就更加"自我"了。

随着年纪渐长，子女都自立门户，一个人在家里吃饭会习以为常。虽然有人认为一个人吃饭"很寂寞""没有味道"，但其实也可以理解为在这一刻终于能够尽情享受"自我"的美食了。

不少主妇以前为了家人的健康而不断思考饭菜

的搭配，明明自己不想吃饭，却要在固定的时间为家人提供饮食，并且还得一起吃，我想这样的回忆也是人生中不可替代的东西。

但是我认为，在人生的后半段，完全可以随心所欲地按照"自我"基准来做出饮食及睡眠等人类的本能行为。

自我的确立是最难以处理的"人际关系"

我们常常容易缺失的自我基准，就是人际关系上的。

在我们身边，"无意识的无主见"类型的人际交往随处可见。

你的身边有没有难以交往的亲戚？或许配偶的父母就是这样的人。成长环境迥异，还有不少代沟，但又是不得不交往的关系。对于嫁娶丧葬等仪式，难以交往也好，心中不快也罢，也是难以拒绝出席的。

难以交往、没有好感的人，在工作中也会遇到不少，例如上司或者客户。对这样的人，万事都要谨慎小心，反倒压力陡增。在朋友关系上，这一点也同样存在。即使是朋友关系，有时候也会被对方牵着鼻子走。

其实，从一开始将这样的人视为朋友，就已经是个大问题了。

我们从出生开始就一直被束缚在他人对自己的看法中

对一般人而言，比起"希望他人对自己抱有好感"，或许"不希望被他人讨厌"的意识更加强烈。因此，"拒绝"他人的请求和邀请是需要勇气的。人们总是认为拒绝对方会给其带来伤害，做出这样的行为的自己是不对的。

不在意别人对自己的看法，就意味着对孤独的无惧，也意味着有接受孤独的觉悟。这就是人际关系中的自我。那么在充分发挥自我的基础上，面对难以交往又不得不交往的人时，只要是自己做出的选择，就都能找到应对的策略。这个时候不需要忍耐，只需要采取有目的性的对策来思索交往方式并付诸实践。

在人际关系上，没有必要让自己成为牺牲者，也没有什么比被害者意识更加徒劳。

拒绝人际关系的勇气，接受人际关系的觉悟，这两者都是自己选择、决断的结果。虽然人际关系有难以处理的部分，但它是锻炼自我的绝好机会，应当果断地进行挑战。

正确处理与时间的关系

此外还有一点希望读者谨记。

那就是时间和自己的关系。

我们都存在于时间里，所以可以说和时间的关系也决定了我们人生的质量。

但面对匆匆流逝的时间，要说如何保持和时间的关系，或许许多人都找不着头绪。

我认为和时间应该保持这样的关系：

以物为基准，将物品作为主角，时间就会因为物品而流逝；以他人为基准，将他人作为主角，时间就会因为他人而流逝。也就是说，夺走自己的时间的是物品和他人。

我们常常把"没有时间"挂在嘴边。但时间其实是有的，对任何人来说时间都是平等的一天24小时。当你感到"没有时间"的时候，其实是丢失了自我。因为在不知不觉间，你把时间花费在了物品上，花费给了他人。

只要保持自我，有目的性地在某个时间段内接触物品和他人，那就不必担心没有时间。 因为除了可以体验到充实感和成功感，你一定还能度过一段充满"愉悦"和"乐趣"的时间。

第三章

编写「人生清单」

坚持你的道路，
就能看到未来

尝试编写"自己的年表"

着眼过去，明确未来的构想

我们从过去的经验中寻找对未来的启发。失败的主要原因在哪里，进展顺利的原因在哪里，从经历分析中就能得到不少经验，无须阅读教科书或者伟人传。

对自己最有效的启发，往往隐藏在过往的人生之中。

为了让过往的人生看上去更加具体，可以尝试编写"自己的年表"。对一般人来说，很少有机会审视自己的人生。不用说，人生的"主人公"就是自己，通过书写"自己的年表"，就能从"监督者"的角度来审视自己的人生。我这个人见过怎样的人生景色，我和哪些人产生过关联，人生的转折点是在什么时候，进展顺利的时候，挫败的时候，又是什么原因导致了那样的结果——当用第三者的视角来记录这些要点的时候，即使是自己的人生，你也会有种审视别人的人生的感觉。

我们得到的人生启发都是极为重要的。今后要度过怎样的人生，这些启发都会成为重要的线索。我们常常后悔做了某个决定，这也属于启发的一种。相遇和离别有各自的意义，它们有助于自我的构筑。你的人生经历是不需要和他人进行比较的独一无二的经历，应当认定自己的人生经历"也是非常精彩的"。在思考过去、探寻未来的道路时，从现在到人生终点的漫长时间里该做些什么样的展望也会自然地浮现在眼前。

只要关注自己曾经做过的事、完成的事，就可

以相信自己将来也能获得成功。眼前的道路将通往怎样的世界，光是想想这一点就让人兴奋。为此，现在的自己该做些什么呢？

书写自己的年表，其要点在于这是写给自己看的，而不是写给他人看的。人们都有些想要美化自己的倾向，但请尽量坦诚地书写。此外，对上了年纪的人来说，或许回忆年代久远的事情会相当困难。例如回忆当时流行的歌曲和喜欢的电影。但寻觅与之相关的记忆碎片或许就能顺藤摸瓜地回想起来。翻阅曾经的信件和照片，体会当时的心情，是找回记忆的好方法。

通过"自己的年表",从过往人生中寻找对未来的启发

回想曾经某个时刻的感受,就能找到未来生活的方向。请根据下面的例子,编写出"自己的年表"吧!

年龄	印象深刻的人生经历	家人的状况	喜欢的人、事、物	现在的想法
4	妹妹出生。	爸爸总是很忙。	莉卡娃娃(日本多美玩具公司出品)。	虽然多了一个妹妹很开心,但觉得妈妈被人夺走了。
7	小学入学。	妈妈再次参加工作。	住在隔壁的朱里姐姐。	和妹妹两个人玩游戏很开心。
9	钢琴演奏得了一等奖。	祖母去世。	《凡尔赛玫瑰》(日本漫画)。	我很喜欢班主任,上学很开心。
11	腿部骨折,住院两周。	弟弟出生。	《游吧,鲷鱼烧君!》(日本儿童节目里的童谣)。	因为照料弟弟而变得忙碌。
13	中学入学。	爸爸独自去外地赴任。	粉红女郎(日本的偶像组合)	在校外活动上热衷于打篮球。
14	暑假时和家人去九州旅行。	因为要照料祖父,妈妈辞掉了工作。	哆啦A梦。	喜欢同班的圭太君。

续表

年龄	印象深刻的人生经历	家人的状况	喜欢的人、事、物	现在的想法
15	中考。	和妹妹关系不好。	竹之子族（20世纪80年代日本街头的一种表演文化及其参与者）。	因为考试和课外活动而变得非常忙碌。
18	大学入学考试。	祖父去世。	东京迪士尼乐园。	考试落榜，很沮丧。
19	补考。	搬家了。	《阿信》（日本连续剧）。	一边打工，一边学习。
20	进入短期大学学习。	妹妹搬入学校的宿舍。	家用游戏机。	第一次交到男朋友。
21	短期留学一个月。	爸爸结束赴任。	迪斯科。	泡沫经济最为膨胀的时期。
22	进入K商社工作。	第一次独自生活。	迈克尔·杰克逊。	开始交男朋友（现在的丈夫）。
24	为取得瑜伽讲师的资格而学习。	妹妹奉子成婚。	草裙舞。	虽然工作忙碌，但更重视自己的兴趣。

●山下英子的观点●

　　通过编写自己的年表，可以锻炼俯瞰的能力。"俯瞰"是指从较高的视点观览全局，而"俯瞰力"就是这样的能力。我认为这样"高屋建瓴的能力"对于人生是必不可少的存在，并且实际上我们每个人都有这种能力。例如足球运动员会把握整个球场的状态，在脑中俯瞰整个场地，一瞬间就能看准应该把球传给谁，这是"空间的俯瞰"。学习历史则是"时间的俯瞰"。做到这两点，我们就能洞察未来。站在高处，扩大视野，我们就能洞察得更加深远。自己的年表并不是写给人生的最终乐章，而是今后能够意志坚定、果敢、自由自在地活下去的有力工具。

やました ひでこ

来尝试编写"自己的年表"吧!

填写空间不足的话,请将表格复印后再填写。

年龄	印象深刻的人生经历	家人的状况	喜欢的人、事、物	现在的想法

续表

年龄	印象深刻的人生经历	家人的状况	喜欢的人、事、物	现在的想法

由简到繁

"今后想做的事情"清单的魔法

想做的事情应该从日常琐事开始

美国实业家史蒂夫·乔布斯在演讲中说过这样一句话:"如果明天就是人生的最后一天,你会干些什么?"

如果是我,我不会做些什么特别的事。我只想和家人吃顿饭,用喜欢的茶杯一边喝茶一边欣赏庭院里的景色,总之就是极其普通地度过最后一天。知道明天会死也好,不知道明天会死而平平常常地度过也罢,结局都是一样的。倒不如说,想做的事情不要留到未来的某一天，而应该现在就加以尝试——我希望能够以这样的行动力活下去。

耗时耗力的庞大计划，如果不迈出第一步，那也是毫无意义的。觉得疲劳或者觉得自己年纪大了，思前想后的时候，时间已经流逝。在当地参加志愿者活动，或者交些新朋友，这些都不需要什么勇气就能实现。请把想到的"轻轻松松就能办到的事情"全部列举出来。

换个新发型，买三本新食谱或者减肥两公斤，给疏远的朋友发个短信，这些小事都可以。最终你会意识到"想要做但是还没有做的事情"是如此之多。只要做成一件小事，就会产生满足感，"一直以来都想要尝试"并且尝试之后的满足感，会让你的行动力更上一个台阶。

不要因为"花钱"而封闭心门

"完成自己想要做的事情，而且是不依赖他人，独自完成这件事",这就是断舍离的目的。为此先要确定自己想要做什么,将它们列举出来,然后从容易做到的事情入手。

不过,当考虑想要做的事情时,许多人会因为觉得"没什么钱"而放弃。例如有的人觉得旅行会花很多钱,所以想去也不会轻易去。这是因为人们往往有种"自己不配花钱去旅行"的自卑感。实际上是人们有足够的旅游经费,也不允许自己前往旅行。相对地,"我一直很努力地活着,现在也是如此。我支付相应的金额,在喜欢的时间去喜欢的地方尽情旅行,那么我就是有价值的人",这样的思维方式则是行动与空想的分界线。

因为是自己的人生,所以请把最好的都留给自己。

"今后想做的事情"清单

⚠ 不需要按优先程度来排序,也不需要考虑"现在没多少钱"或者"家人不一定允许"之类的限制条件,头脑里想到什么就记下来。接下来,请把人生剩下的时间分配给这些愿望吧。

-
-
-
-
-
-
-
-
-
-

162

● 山下英子的观点 ●

每天的家务很繁重，随着年纪渐长，人们甚至会忘记自己还有想要尝试的梦想，时间就这样流逝……这种情况并不少见，所以我才希望读者们能够定点观测式地重新审视自己的人生愿望。我现在想要尝试的事情是"尽可能多地去佛教国家旅行和体验"，大家又有什么想要尝试的事呢？

やました ひでこ

每一天
都值得感激

怀着感激之情度过每一天

日常生活就是由各种值得感激的事情连接而成的

"值得感激"这个短语在日语中可以写作"有り難い"（难得）。对日本人来说这或许是一个普通的词，但其实并非如此，你注意到什么最"难得"了吗？

回首过往的人生，思考现在自己所处的状况，你就会发现自己被许多"难得"的事物包围，能够意识到这一点非常重要。

我们所生活的现代社会，只要拧开水龙头就会有水流出，只要按下遥控器的按钮就能收看最新的新闻。

但是细想起来，这些其实是很难得的事情。因为单靠你一个人，无法制造出如此复杂的生活系统。

即使是平时看不见也不太容易搞懂的生活系统，我们也在日常生活中的方方面面和它的制造者产生了间接接触。

我们没有办法独自生存下去。世间的一切都是"相互依存"的。

即使互不相识，别人也会因为我的某种付出而感谢，我也会因为别人的付出而心存感激。对身边的物品如果有"感谢让我使用"的念头，那么在物品使用寿命结束时，就能以"长久以来给予我支持，非常感谢"的心情进行断舍离。对我而言，物品也好，人也罢，对其存在抱有的感激之情是和幸福感成正比的。

例如某天你在山路上行走，走累了就坐在一根树桩上休息。在你起身离开的时候，你若对那树桩抱有"让我坐下小憩,非常感谢"的心情——是的,即使是对不能言语的事物也能有双手合十的感恩之心,你生活中的每一天便会充溢"对生命的感恩"。

佛教认为,每一天经历的一切都是"值得感激"的。早起的时候要默念"感谢让我醒来",入睡的时候也要默念"感谢让我入睡"。

此外,活着就意味着有足够的体力,这件事本身也是"值得感激"的。重视这些细微的"感激之情",你的心灵一定会发生变化。

"谢谢"这个词就是"感谢的体现"。我们通过词汇来体现此刻的心情,因此最开始要把自己的感激之情说出口,并逐渐增加次数。我想,通过这样的尝试,就能养成道谢的习惯,并且自然而然地心存感激。

将感激之情意识化

每天从早到晚,你说了多少次"谢谢"?此外,他人又是因为什么事对你说了"谢谢"呢?

时间轴	对象:物/人	感谢的理由
早上	家人	为我泡了咖啡

续表

时间轴	对象：物／人	感谢的理由

● 山下英子的观点 ●

　　进入咖啡店，点了一杯咖啡，对于这样的一杯咖啡，我甚至偶尔会认为它是"一个奇迹"。从采摘咖啡豆、出口运输，到磨碎制成一杯咖啡为止，它到底经过了多少劳动者的手？虽然现代生活中只要付钱就能买到许多东西，但如果"俯瞰"这些事物产生的"背景"，一瞬间心中就会涌起一股真挚的感激之情。

やました ひでこ

为了愉快地度过

余下的人生和有限的时间

收集"中意"的物品,生命会更闪耀

如果周围都是你中意的物品,那你一定会心情大好

我自己从小时候起就是以"喜欢"和"有趣"为优先准则来采取行动的。但是不知道从什么时候开始,因为各种外界约束和重视体面,渐渐远离了这些优先准则。

比如有件自己很中意的衣服,本来很想买,但又担心别人觉得这个颜色太艳丽而没有买。再比如有个特别有趣的地方，很想去逛一逛，但是总是抽不出时间。当你希望在今后的人生中能够自由生活的时候，你就会意识到压抑自己的心情是多么无意义的行为。

我们的生命，原本就应该充满欢乐，点燃欢乐的则是"喜欢"及"有趣"等最直接的情感。

当我们被自己"中意"的物品包围的时候，我们的呼吸就会变得放松、深远而平缓。喜欢的人、喜欢的音乐、喜欢的风景、喜欢的语言、喜欢的味道，当我们置身于充满这些因素的空间时，身体的细胞就会越发活性化。

人生要用"加分法"才能更充实

提高到访让你感到温暖的场所，以及感到愉快的场所的频度，或许人生就会变得更加充实。只要自己"喜欢"的空间增多，你心中就会涌起生活的勇气。回顾你"喜欢"的物品，也就同时回顾了你自己是个怎样的人，你度过了怎样丰富的人生。拥有许多喜欢的物品，也就意味着你积累了不少幸福的回忆。

你最喜欢的那道菜是什么？在你喜欢的餐厅里，菜单上美味的回忆和你的幸福感是直接关联的。能够体验美味，就是你身体健康的证明。除此以外，有人和你一同进餐也是很棒的体验。请把这些你体验到的幸福都写下来。不要思考"要是有这个就好了"或者"要是没有那个就好了"等负面因素，而要关注"我拥有这个"或者"我还体验过那个"等积极情绪。

充实地度过人生，就需要在生活中运用这样的加分法。

我"中意"的物品

人	花
地域	话语
颜色	运动
季节	味道
音乐	艺人
美食	连续剧
书	自由填写处
艺术品	
店铺	

⚠ 请把你想到的全都写下来,甚至可以写满整页纸!

*对有缘人
想要传达的讯息是？*

明确你想要留下的东西

留下思念而不是垃圾

人们在整理长辈的遗物时，往往会很惊讶地发现"竟然留下了这么多遗物"。尤其像我们父母那一代，他们觉得扔掉任何东西"都很浪费"。空间始终是有限的，不可能把所有的遗物都保留下来。但是我们在面对这些寄托了对长辈的哀思的物品时，又常常不知道该如何取舍。当事者也许想要心一横全部扔掉，但是又想安安静静地寄情于物、缅怀逝者，而一想到还要手脚不停、劳心劳力地进行整理，就觉得那可真是遭罪啊！不过，也可以这样思考：

整理遗物就是一个发现的过程。

父母最想留给我们、最想传达给我们的是什么呢？一边思考这一点，一边对堆积如山的遗物仔细认真地进行整理，就能发掘出饱含父母遗思的物品。这就是从大量无意识、无知觉的物品中寻找出被掩埋的"父母活过的证据"。这些证据有可能连父母自己也未曾注意过，而作为晚辈的"我"要找到这些证据，并将其留在身边。

有的人因为扔掉父母的遗物而备感苦恼，其实扔掉的物品都可以被理解为掩埋宝物的"泥沙"。整理遗物就是拨开泥沙，从物品中寻找、发掘父母遗思的过程。从另一个角度来说，我们死后，留下的遗物越少，整理遗物的人就越轻松。

想要留下的不必多，却要最好

那么作为遗物，留下什么东西好呢？对于这一点，人们常常困惑不解。其实"能够将你自己的想法传达给家人的物品"才是重点。我认为通过这个物品，家人可以想起从你身上得到的爱，以及和你一起度过的愉快岁月，这样的物品才算达到了作为遗物的基准。

在家人面前总是穿戴在身上的饰品，陪孩子参加各种活动时经常穿着的服装，寄给家人的信……在平时的生活中，请有意识地只把一些你"觉得中意的物品"，以及"值得回忆的物品"留在身边。这样一来，拥有的物品总量会自然而然地减少，生活也能更加轻松。

对重要的东西也要"心情舒畅"地放手

处理某些寄托着情感的物品时,心中总是伴随着阵痛。不过也不能把过多的物品摆放在身边,再把这些物品都带到身后的那个世界去。让我们来了解一些减轻内心愧疚,和物品道别的手段吧!

拍照后再处理掉。

假如有人需要,就赠予他人。

在跳蚤市场或自由市场上卖掉。

通过回收机构或网络拍卖处理掉。

● 山下英子的观点 ●

即使是长久使用的物品或者爱用的物品，也总有一天要迎来使用寿命的终结。死后交给某个人去处理，这样的想法也是可行的，不过最好是在自己的有生之年，通过自己的决断来进行处理。如果舍不得扔掉，就找寻需要这件物品的人，并赠予对方。我想，对这件物品来说，能够再次发挥作用是最好的归宿。

やました ひでこ

> *值得珍惜的人，*
> *都是能够让你*
> *保持内心坦然的人*

"以防万一"，要好好选择紧急联系人

选择能够让你保持自我的人作为人生之友

让我们的人生丰富多彩、硕果累累也好，让我们的人生贫乏空虚也罢，可以说，和怎样的人保持着怎样的关系，都取决于我们自身。

在改善人际关系这一点上，我们往往更关注的是"他人的改善"，总想着"对方要是能为我改变就好了"。但那是不可能的。那么改变自己的性格就行得通吗？可能更行不通。因为"改变自己就能

改变现状"及"问题的根源在于自己"这一类想法，始终伴随着压抑与不满。所以要改变什么的话，可以从改变"自己的视点"开始尝试。

从相同的位置和视点，只能看到相同的风景，**我们往往也只能看见他人的某一面**。即使是自己觉得难以交往的人，也一定会有好友。

如果能意识到还有这种不可思议的视点，就能从各方面来观察自己的人生。

觉得难以交往的人，一定有你不曾见过的另一面。没错，即使某个人的行为举止和性格都是你难以认可的，也不要否定这个人，可以尝试着改变与对方的距离，以及碰面的频度，在不知不觉间，你周围的人际关系就会往良性方向发展。

能够接受最真实的你，才是人生之友

现在，你周围的人际关系是否都让你感觉舒适呢？你的周围是否有这样的人：当你和对方在一起的时候,你便无法保持自我?

我们总是在潜意识中希望"获取旁人的好感",而将真正的自我封闭起来。但如果这样的情况反复出现,他人就会认为你是一个"好伙伴",习以为常地希望你能够与其步调一致,保持共鸣。换句话说,你如果不能时刻体谅对方的心情,你就是个无用的存在。明明不想成为"好伙伴",但又碍于他人的心情而不得不当个"好伙伴",如果做不到这一点就会担心别人"厌恶"自己。

不论你是否保持自我,要离去的人终究会离去。即使你保持自我也愿意和你在一起的人,才是真正的人生之友。知道这一点后,万一发生紧急情况,你就会知道该通知谁了。

选择自己的 VIP

请将姓名和联系方式一同填入。

亲密的朋友	家人

同学、同事	熟识的主治医生

金融机构的负责人等

---------------------------------   ---------------------------------

---------------------------------   ---------------------------------

---------------------------------   ---------------------------------

你所属的社会机构

① _____   ② _____

平时保持联系者的姓名   平时保持联系者的姓名
和联系方式   和联系方式

---------------------------------   ---------------------------------

③ _____   ④ _____

平时保持联系者的姓名   平时保持联系者的姓名
和联系方式   和联系方式

---------------------------------   ---------------------------------

在人生的第二阶段，
重新审视和伴侣的关系

对伴侣的看法要坦白和诚实

现代社会，人的平均寿命越来越长

"既然成为夫妻，就要相伴一生"，我们可能至今还被束缚于这样的观念。在以往平均寿命极短的时代，也许人们尽到"抚养后代，经营家庭"的责任之后，就会迎来生命的终结，所以也没什么必要去思考尽到责任之后的夫妻关系。

但是现在已然不同。

在日本，退休以后，结束了社会责任的丈夫和完成抚养后代责任的妻子，终于自新婚以来再次回到了只有两个人的生活状态。

夫妇俩已经没有了经营家庭这一共同目的，就要这样共同度过"接下来"的好几十年。这对平均寿命越来越长的我们来说，是一个不得不面对的现实。

那么共同探索保持彼此个性的夫妻相处之道就很有必要了，但这并不简单，因为它会对至今为止的夫妻关系产生重大影响，并且在对以往夫妻关系的理解方式上，两人间也可能潜藏着巨大的分歧。

当然，对相互敬爱的老年夫妇来说，迎接"第二个新婚时代"并没有什么问题。但遗憾的是，如果之前夫妻双方保持着压抑的关系，那么他们迎来的人生第二阶段只会暗淡无味。假如总是认为"如果我没有和这个人结婚，我的人生一定会有所不同吧"，那么今后的人生会比之前更加煎熬难耐。

即便如此，我也还是

认为不应忽视对伴侣的关注。 要尝试着坦诚接受自己的心。是喜欢还是讨厌?今后的人生要一起走下去吗?会有怎样的结果?

当然,如果想要继续住在忍耐顺从的牢笼中,那就另当别论了。

你和伴侣有没有想法上的分歧?

一生中,和伴侣的关系占据了很大的比重。
简单来说,就是要问自己:"你是否真的喜欢对方?"
对这个常常避而不谈(或视而不见)的问题,请仔细思考一下。

1. 你喜欢自己的伴侣吗?   □ 是   □ 否

为什么?

_____

_____

_____

2. 你觉得和伴侣难以相处吗?   □ 是   □ 否

为什么?

_____

_____

_____

在 2 中选择"是"的人
3. 今后你还希望和伴侣一同生活吗？　□ 是　　□否

为什么？

_____

_____

_____

在 3 中选择"否"的人
4. 今后你希望和伴侣保持怎样的关系？为此你能够做到哪些事？

_____

_____

_____

_____

我所期望的
"最后那一刻"

将"自我"坚持到最后那一刻

为了确立"自我"

生命终结的那一刻不知何时到来。保持"自我"的意图、意志,将对我们的人生起着重要的作用。关于医疗救助,请提前对你自己和周围的人进行明确的表态。这也是为了防止某天意外来临,连表态的机会都没有。

在我们所生活的这个时代,人们几乎都是在医疗机构里迎来自己的人生终点。我们在这些医疗机构里接受的治疗无外乎抢救或者保命。当然，我对于"抢救"并没有什么异议，因为自己的生命被挽救是值得感激的事情。

但是，"保命"则要另当别论。到底想延长多久，这一点必须由自己做出决定。明明知道没有什么恢复的可能性，是否真的需要进行这几小时、几天、几周的保命治疗？如果真的期望进行保命治疗，又期望保多久呢？不过人处于无意识状态时，关于这一点是无法向他人表态的。

自己肉体生命的结束方式，不应该托付给旁人决定，尤其是家人和亲戚，以及医生等人。要对别

人的生死做出决断，那该是一件多么烦闷和苦恼的事情啊！这件事只能自己做出决断，我们必须更加清醒地意识到这一点。

在有生之年就要提前决定这件事，可能确实需要勇气。一般说来，人们对周围的人也是不愿提及此事的吧。

但是，每个人都终有一死。对于死亡这件事，我们只能接受。

那么我们到底需要多长时间的保命治疗呢？

对于这个问题，就让我们保持"自我"直到生命最后的那一刻吧！

拿出觉悟和勇气

　　人们对于自己的后事，常常会有"模棱两可"的表态，很少"明确地"表态。以下是我在父亲和公公临终前照料二人时的感想。大概我们潜意识里都不愿意承认总有一天会死去这件事，但如果真是为了家人着想，最好及早将现在的意愿和意图进行明确表态。

我的父亲（已故）

　　晚年时，随着身体的衰老，还患上了抑郁症和认知障碍。虽然我认为他本人并不希望接受保命治疗，但由于他没有明确表态，家人未能向医疗机构转达这一点。

我的公公（已故）

患病后，公公对于死亡只是感到恐惧，关于后事，他自己从未谈及，也彻底拒绝和周围的人沟通。

> 要是在世的时候能够主动和家人谈谈后事就好了。

和社会的关系
也有终结的那一天

明确和自己相关的信息

和自己相关的信息该由谁如何处理？

以防万一（某天突然辞世或重病不起），请尝试回顾一下与自己相关的信息。另外，请确认现在"是否还有必要四处登记自己的信息"。

因为个人信息可能通过各种渠道流入外界，所以要确认是否有部分信息已经被人肆意转用。这样做还能使自己清醒地知道在某些场合是否有必要登记自己的信息。

尤其是过着"独居"生活的人，很有必要事先决定辞世后由谁来将自己留下的信息全部消除。

手机和电脑中的信息

由谁来为自己解除合约等等,都请写在备注栏里。

手机

号码

关联的邮箱

是如何扣除费用的?

你希望他人如何处理你的登记信息?

密码

以谁的名义?

备注

电脑

厂商、机型、型号

网络服务商的名称

保存在电脑里的信息希望由谁来处理?

密码

备注

网络服务 （博客、亚马逊等）

服务名称　　　　　ID　　　　　密码

___

服务名称　　　　　ID　　　　　密码

___

服务名称　　　　　ID　　　　　密码

___

贺年卡中的信息

收到的所有贺年卡都写满了自己和对方的个人信息。应当请人慎重处理掉。

至今为止都将贺年卡和相关信息保存在何处？

___

备注

___

社会养老保险的信息

请确认你是否百分之百地明确领取金额和领取时间。

基本养老保险编号

___

备注

___

个人养老保险的信息

请确认你是否百分之百地明确领取金额和保险周期。

保险公司　　　　　　　　　　责任人

_____　　_____

保险单单号　　　　　　　　　负责人的联系方式

_____　　_____

信用卡的信息

提前记录好遗失信用卡时的紧急联系方式，有备无患。

① 银行　　　　　　　　　　卡号

_____　　_____

有效期　　　　　　　　　　紧急联络人及联络方式

_____　　_____

② 银行　　　　　　　　　　卡号

_____　　_____

有效期　　　　　　　　　　紧急联络人及联络方式

_____　　_____

③ 银行　　　　　　　　　　卡号

_____　　_____

有效期　　　　　　　　　　紧急联络人及联络方式

_____　　_____

> 虽说不用在意
> 自己的后事……

即使有少量财产，即使家人关系和睦，也可能产生纷争

不引起财产纷争的方法

就算写了遗书，也还是可能引起家人间的争执。但如果没有遗书的话，或许会争得更加厉害。不要自认为留下的钱不多，家人之间就不会产生什么争执。实际上，少量财产引发的争执，在财产纠纷中所占的比例反而是最大的。这大概是因为人们有种"不管什么东西，能够弄到手就弄，多多益善"的心理。

首先请明确自己的继承人有哪几位，然后再思索要把什么东西交付给谁。这件事不可能做到完全公平，因为存款（现阶段）的余额是浮动的，也不可能知道将来能剩下多少，所以进行一个大致的估算即可。

重要的是，对于房产、股票、现金、珠宝等自己拥有的资产，要明确它们现在的总量是多少。思考要将资产交给谁时，还能重新审视自己和对方的关系。

你希望把大部分的遗产交给"谁"？你希望由"谁"来继承自己最重要的遗物？

我认为这个过程就如日常生活中建立真挚的人际关系一般重要。

借款

借款人、借入金额、剩余应还、预定清偿日期等

担保债务(担保人)

主要债务人、债权人、内容等

信用卡欠款等

所属银行、金额、内容等

我的财产清单

如果你有负债（借款、贷款、信用卡欠款等），请全部记录下来。

房产

地址、地号、房产证编号	预定继承人

存款

金融机构、支行名称	预定继承人

股票、政府债券和企业债券

交易品种、股票数量、名义人、证券公司、支行名称	预定继承人

其他（贵金属、珠宝饰品、艺术品、奢侈品等）

商品名、购买日期、购买地、金额	预定继承人

借给他人的钱

姓名、联系方式、借款日期、金额	预定继承人

什么都不做就悄然辞世是最佳选择吗？

在人生的终点，该怎样谢幕？

思考临终的含义

我们有许多机会学习生存的智慧和知识，因为我们从诞生到这个世界上开始，就在不断接收如何生存的信息。

但是比起生存，关于人生该如何谢幕的信息真是少得可怜。

人上了年纪，偶尔意识到人生终将谢幕时，才会开始思考这个问题。

但我认为，从结果上来讲，不少人都选择了同样的方式来迎接死亡。我开始思索其原因所在。

死后的葬礼，其根本意义是什么？

到底是为谁举行的葬礼？

如果说是为自己，那我可能认为这样的葬礼"可有可无"。如果在活着的时候见到了想见的人，说出了想说的话，那么我的人生就是充实的。所以就我个人来说，单纯仪式性的葬礼其实没什么必要。

当然，肯定也有许多人认为死后不举行葬礼是不合情理的。

重要的是，自己死后人们理所当然地举行的这些仪式，"是否真的是我所期望的"？如果是我所期望的，那又是"为什么"？

我变成一堆骨灰后，要被放入坟墓吗？"坟墓"的意义是什么呢？我又该如何让人保护我的坟墓呢？

这些问题，我们在活着的时候几乎不会思考。在我们越来越接近死亡时，思索如何走完人生道路，才是"临终前该做的工作"。

例如，在日本的坟墓上很少见到墓志铭（在墓碑上刻下的亡者喜爱的语句及生平），但我觉得思考"在墓碑上刻什么好"这件事很有趣。可以说这就体现了我要如何度过余生，以及我希望给别人留下怎样的印象。

自己喜欢的某个汉字也好，喜欢的英文歌中的某句话也好，或者是从自己尊敬的人那里接收到的难忘的讯息，都可以刻上墓碑。

请思考一下可以象征自我的语句。

思考自己的临终

如果"那一刻"终于到来,你希望是怎样的场景?

你是否希望举行葬礼?

☐ 希望家人为自己举行葬礼。

☐ 不是特别希望。

☐ 交给家人决定。

(为什么这样选择?)

最近,充满"个性"的葬礼和墓碑的造型越来越多。

如果你实在想不出来该如何安排葬礼或选择墓碑,那么反向思考"自己不希望见到的葬礼和墓碑"也是一个不错的方法。

( )

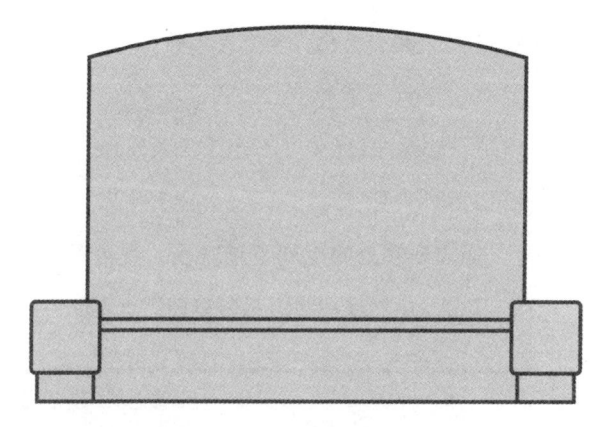

如果要你自己来书写墓志铭的话，你想写什么？

● 山下英子的观点 ●

接受变化，享受变化的人

山下英子　长眠于此

她的一生总是不断给予他人鼓励

如果要在墓碑上刻下墓志铭，我希望是上面这段话。虽然现在我似乎做得还远远不够……

やました ひでこ

从"天国"传达给
"这个世界"的讯息

首先设想一个能代表自己的"讯号"

在"天国"的我如果能够俯瞰"这个世界"

当然,要明白这件事,不需要真的去体验死亡。

住进"天国"的我,希望留给"这个世界"的人们怎样的思念?让我们一起来愉快地思考这个问题。

"我"希望他人如何回想起我这个人呢?希望他人因为我的离去而一直悲伤叹气,还是希望他人一想到我就开怀大笑,聊起我的事没完没了呢?

请写下你觉得特别有趣的关于自己的"逸事"。

这些逸事可以是成功或失败的感想,也可以是你觉得值得炫耀的事,还可以是日常生活中悲伤或高兴的琐事,或者是只属于自己的秘密。

死亡并非结束,而是永恒

我偶尔会想象:我去了"天国"以后,"这个世界"上的某些人还会在某些时刻想起我。

去了"天国"的我,是否体谅过仍然活在"这个世界"上的家人们的心情呢?我有时想给予他们鼓励,有时想好好守护他们,还想要在危急关头给予他们提醒。我想告诉大家我在"天国"里一切都好,希望亲朋好友都不要因为我的离去而悲伤。

"天国"里的我,是脱离了肉体的虚无存在。我甚至还想过:万一死后有什么事需要传达给家人,是否现在就该留下一些代表自己的"讯号"呢?

例如,我会告诉家人,死后如果有什么事情想要传达,我一定会乘着"白鹤"回到人间。假如眼前出现了"白鹤"的形象,那就是来自我的讯号。

死亡并不是结束,而是化作守护者直至永恒。在结束时,同样可以感受到未来的开始。

你也是这样认为的吗?

我这个人

姓名的由来

生日

生日那天的趣事

人生最棒的一天

人生最糟糕的一天

对重要的人，你想要说些什么？请随意书写。

后记

人在一生当中，一定会遇见注定要相遇的人。
并且不会早一分，不会迟一秒。

这是哲学家、教育家森信三先生说过的话，是对我影响深远的名言之一。

可以将这句话中的"人"替换成"物"或"事"。也许我们没有注意到，在相遇的瞬间，我们被赋予的都是最好的人、事、物。

但是现代社会中的人、事、物全都处于过剩状态。许多人还没有意识到"真正重要的事物是什么"便迎来了人生的终点。

一直坚持摆脱过剩状态的我，希望在自己的人

生终点能够彻底摆脱各种多余和浪费。死亡，就意味着对自己的"肉体"及"社会联系"进行断舍离。

实际上，我未曾想象过自己的死亡。人终有一死，就算想得再多，也无法预测哪天会死、会以怎样的方式死去。所以我决定"停止"对"死亡"的思考，而专心致志地"活在当下"。

"人生清单"并不是写给他人的，而是为自己在今后的人生中能够"活得更好"提供帮助和支持的思维清单。通过这份清单，可以好好"整理"自己的记录、记忆、关于自我的思考等信息。

想要成为怎样的人？

想要选择怎样的生存方式？

这些都是我对自己的提问。我希望将这些问题分享给大家，从而编写了本书。

让我们一起尽情地享受人生这场美好的旅行，直至它的终点。

因为旅行时，我们总是能坦然地敞开心扉。

因为面对未知的相遇，我们的心总是跃动不已。

旅行中，请不要忘记带上这本书。

山下英子

YORIYOKUIKIRUTAMENO DANSYARISIKI ENDING・NOTE by Hideko Yamashita
Copyright © 2020 by Hideko Yamashita
All rights reserved.
Original Japanese edition published by Shufu To Seikatsu Sha Co.,Ltd.
Simplified Chinese edition is published by arrangement with Hideko Yamashita
through Hana Alliance Consulting Co.,Ltd.

© 中南博集天卷文化传媒有限公司。本书版权受法律保护。未经权利人许可，任何人不得以任何方式使用本书包括正文、插图、封面、版式等任何部分内容，违者将受到法律制裁。

著作权合同登记号：图字 18-2020-232

图书在版编目（CIP）数据

断舍离・人生清单 /（日）山下英子著；许天小译
. -- 长沙：湖南文艺出版社，2021.3（2025.4 重印）
ISBN 978-7-5726-0073-9

Ⅰ.①断… Ⅱ.①山… ②许… Ⅲ.①人生哲学－通俗读物 Ⅳ.①B821-49

中国版本图书馆 CIP 数据核字（2021）第 029010 号

上架建议：心理励志

DUAN SHE LI・RENSHENG QINGDAN
断舍离・人生清单

著　　者：	［日］山下英子
译　　者：	许天小
出 版 人：	陈新文
责任编辑：	匡杨乐
监　　制：	邢越超
策划编辑：	李齐章
特约编辑：	汪　璐
版权支持：	辛　艳　金　哲
营销支持：	文刀刀　周　茜
版式设计：	李　洁
封面设计：	潘雪琴
出　　版：	湖南文艺出版社
	（长沙市雨花区东二环一段 508 号　邮编：410014）
网　　址：	www.hnwy.net
印　　刷：	三河市中晟雅豪印务有限公司
经　　销：	新华书店
开　　本：	775mm×1120mm　1/32
字　　数：	100 千字
印　　张：	7.5
版　　次：	2021 年 3 月第 1 版
印　　次：	2025 年 4 月第 6 次印刷
书　　号：	ISBN 978-7-5726-0073-9
定　　价：	48.00 元

若有质量问题，请致电质量监督电话：010-59096394
团购电话：010-59320018